本书系2020年浙江省教育科学规划课题“中职学前教育专业‘全科教育’人才培养模式研究”（编号：2020SC006）成果，中国职业技术教育学会教学工作委员会“2019—2020年度职业教育教学改革课题研究”项目“基于幼儿园实习岗位能力培养的中职学前教育专业校本教材开发与实践”（编号：1900691）成果

教学策略设计与实践

中职学前教育专业“全科教育”人才培养模式研究课题组（编）

安徽师范大学出版社
ANHUI NORMAL UNIVERSITY PRESS
·芜湖·

图书在版编目(CIP)数据

教学策略设计与实践 / 中职学前教育专业“全科教育”人才培养模式研究课题组编.—芜湖:安徽师范大学出版社,2020.12

ISBN 978-7-5676-4845-6

I. ①教… II. ①中… III. ①学前教育—教学研究—中等专业学校 IV. ①G612

中国版本图书馆CIP数据核字(2020)第249343号

教学策略设计与实践

中职学前教育专业“全科教育”人才培养模式研究课题组◎编

责任编辑:潘 安　　责任校对:房国贵

装帧设计:张 玲　　责任印制:桑国磊

出版发行:安徽师范大学出版社

芜湖市北京东路1号安徽师范大学赭山校区

网 址:http://www.ahnupress.com

发 行 部:0553-3883578　5910327　5910310(传真)

印 刷:苏州市古得堡数码印刷有限公司

版 次:2020年12月第1版

印 次:2020年12月第1次印刷

规 格:700 mm × 1000 mm　1/16

印 张:9.5

字 数:150千字

书 号:ISBN 978-7-5676-4845-6

定 价:36.00元

本书编写组

主　编

丁卫东

副主编

季　婷　　孙英俊　　齐云飞

委　员

胡慧珍　　杨　阳　　王利平　　朱周周

序　一　全科教育研究导论

一、全科教育背景

现行的中等职业(简称"中职")学前教育课程设置中,大多数学校呈现出科目与科目之间独立存在、各司其职的现象。虽然这样可以在一定程度上减轻教与学的双重压力,但有些知识很难在不同学科间截然分开。已经毕业并参加工作的中职学校部分毕业生,由于自身知识与技能在质量上、结构上与实际岗位要求的匹配度不够,导致与同期入职的其他毕业生相比发展出现滞后现象。举例如下:

对于专业理论科目而言,学前卫生学强调对学前儿童的身心保教,要以幼儿心理发展规律为基础,以其生理发展规律为准则,设置实施适宜幼儿身心全面发展的幼儿保健活动;学前心理学主要向学生介绍不同年龄阶段幼儿内在心理变化,以及其外在肢体表现,幼儿教师要通过幼儿的外在行为表现发现其内心情绪变化,并进行适合生理发展的安抚。学前卫生学和学前心理学两门科目联系紧密,强行将其分开,不仅无法规避二者的相关性,还容易导致学生出现认知偏差。

对于专业技能科目而言,乐理和钢琴是紧密相连的,分开教学难以避免学科杂糅,不仅不能提高教学有效性而做无用功,还可能由于任教教师不同而导致教学实施有歧义或侧重点不统一。

对于专业理论和专业实践科目而言,活动设计是专业理论科目的典型代表,学生在设置幼儿教学活动时,离不开“说唱弹跳”,势必通过技能向幼儿展示,分开独立教学不利于学生丰富活动设计与创新。

在课程开设时间先后方面,专业理论课程大多设置在技能学习之前,为技能练习奠定理论基础。但是时隔半个学期的时间和一个假期的调整,学生在接受技能课程学习和实际练习时,会对之前的理论学习有所遗忘。基于此,专业技能教师在开展实践教学之初,需要在课堂教学中先带领学生回顾已有的理论知识储备,这无形增添了教学压力,影响课堂教学进度。

在课时占比方面,理论科目开设课时比专业技能课时少,且开设学前教育专业的中职学校普遍会安排学生琴点、舞点等练习时间,导致专业理论和专业技能教学时间分配不当,使学生产生“专业技能训练的重要程度大于专业理论学习”的误解。

从实用性角度分析,知识本身不具备相互独立性,对于中职学前教育的专业理论课和专业技能课来说更是如此。中职学前教育专业的培养目标是一线幼儿教师,需要学生掌握专业理论知识、专业技能实操以及在“五大领域”的运用,强调其广度,对纵深研究不做要求。传统的分科教育以教材为依据开展教学活动,强调科目自身知识逻辑结构,不利于学科之间的有效迁移。

从适用范围角度分析,中职学前教育专业致力于向社会输送一线幼儿教师,大多数毕业生会直接参加工作。但是分科教育在实践教学中,忽视幼儿园实际需求,内容设置偏学术化且实践教学较少,学生对小朋友的了解和对幼儿园一日生活的认知停留在文字资料中。分科教育模式适用于升学考试,不便于学生将学校所学向工作实践迁移过渡。

从灵活度角度分析,中职学前教育专业学生毕业后的工作对象是幼儿,活泼好动是幼儿的主要特点。作为幼儿教师,要针对频繁发生的突发问题,灵活运用所学知识及时处理。呆板陈旧的分科教育缺乏科目之间的融合,不能向学生提供跨学科学习,忽视在知识的融合交流中开放思维谋求创新的重要作用,不益于学生学习迁移能力的发展。

综上所说,对中职学前教育人才实施全科培育势在必行。

二、全科教育内涵

全科教育不是在一节课中进行多学科知识碎片式的叠加，也不是一种包班制，授课者不是一种全能型教师。

全科教育是针对分科教育而提出的，是一种人才培养模式的创新。“全”是一种价值判断，“科”是学科适应学生。全科教育过程是从学生、学科和岗位三个维度，通过学科跨界、学科关照、学科融合，实现知识与技能的连续性、完整性、复合性，最终让学生养成将来应用于工作的能力和习惯。

三、全科教育意义

（一）满足社会发展需求

全科教育能够缓解知识碎片化问题。如今信息技术发展迅猛，学生可以轻而易举在互联网平台上找到自己需要的资料，只需将手机或平板电脑捧在手里轻轻点播，海量信息就跃然于屏幕上。网络在方便快捷地为网民提供资讯的同时，带来的知识碎片化问题不容小觑，尤其是对于知识架构尚未完善的中职学生而言，情况复杂。全科教育可以充分利用网络知识的广度和即时性，将生活中零散知识纳入教学，通过全科教师的知识串联，帮助中职学生构建完整知识体系，避免碎片化危害。

全科教育能够优化幼儿园一线师资。随着社会对幼儿教育的重视，幼儿园一线教师的能力提升面临极大挑战，幼儿全科教师的需求量大幅度提升，中职学前教育要为一线幼儿教育把好师资培养关。在中职学前教育专业教育教学中开展全科教育，优化幼儿园一线教师教育教学能力，打破专业壁垒，实现科目融合，有利于提升学生对所学知识灵活运用的能力，间接激发幼儿教师的创造性思维，从而满足社会对幼儿教师的现实需求。

(二)符合教师成长需要

全科教育助力教师丰富自身专业知识。在中职教育教学中,现行的课程设置存在不同学科之间知识被割裂的现象。如将物理知识与数学知识分开授课,但是二者之间有时候有千丝万缕的联系。物理的学习是以数学运算、函数代入为基础,数学的题目中不排除有物理学的身影,"追及问题"就是典型的物理运动现象。全科教育要求教师提升知识储备,打破原有科目壁垒,相互融合渗透,提高课堂教学的有效性。

全科教育有助于教师实现更大的价值。中职学前教育专业教师的责任和使命是为社会培养一线幼儿教师,间接作用于下一代幼儿的身心发展。教师只有不断提升自身修养,才能堪当重任。学前教育专业教材不同于其他技工类教材,其教授内容变化较小,加上中职教育三年一循环的往复性工作周期,容易导致教师出现职业倦怠和发展停滞的现象。全科教育的改革要求教师不断完善已有的知识架构,在变化中求发展,在革新中求超越。

(三)匹配中职学生学情

全科教育激发中职学生学习的主动性。分科教育中中职学生学习主观能动性有所欠缺,全科教育凭借其与中职教育尤其是学前专业的适切性,将原本各自相互独立的知识融合在一起,以一个小的话题导入,通过激发学生思考,在探究中不断牵引出与之相关的教学内容,做到以学生为主体,让学生全员参与课堂活动,从而调动学生学习的积极性,以解决实际问题为导向,将已有现象和其背后的知识性原理相结合,充分实现理论与实践的交融,做到学以致用,调动学生学习的探索欲和解决问题的能力,提升教学效率。

全科教育关注中职学生成长中的叛逆期。中职学生的生理年龄阶段正处于青春期,独立性增强,情绪波动幅度增大。面对具备此类特点的中职生,各中职学校在加强全员德育和心理辅导的同时,可借助全科教育全面而多角度地辅助推进,安抚学生的不良情绪。全科教师加强心理学研修,尤其是青少年心理学,在日常生活中多观察、多倾听、多疏导,在课堂教学中潜移默化予以渗透，分担班主任的德育压力和心理辅导老师的工作任务，助力中职学生顺利度过叛逆期。

四、全科教育特点

教师是教育教学的软实力。全科教师是全科教育能够有效推进的中坚力量。全科教育模式提出后，社会各界广泛关注，关于全科教师的培养与发展问题的讨论接踵而至。全科教育模式下的教师专业化成长，要求教师通过自主学习和专业培训，不断提升自身专业知识和专业能力，努力成为专家型或学者型教师。

国家对学前教育师资培养的新要求，新时代下学前教育发展的新特点，为学前专业改革提供了思路，为人才培养模式的转变提供了方向。随着社会对复合型幼师人才培育的需求，我国中高职院校致力于培育具有全科教育能力的综合型幼师人才。

全科幼师指的是按照综合性人才培养理念培养出来的能够从事学前教育研究与管理的学前教育人才。这种复合型人才具有素质高、现代教育理念强和富有创新精神等特点，熟练掌握与幼儿教育保育相关的知识和技能，在学科领域具有较强的学科教育教学能力，能够按照学前阶段的教育要求完成各项教育目标。

学前教育和岗位职责的特点，要求全科教师不仅要掌握跨专业知识，还要想方设法成为复合型的高素质人才。此外，需要全科幼师具备渊博的知识和理论、成熟的教育实践能力，能够在实际教育中，不断反思以促进自主专业发展，不断提高自身的专业素养，努力促进自身各方面素质均衡发展，全面成长。

下面以幼师全科培育模式为例，总结全科教育的特点。

（一）注重知识融通运用

从事幼师教育的全科教师实际上具备多种专业的知识。根据实际需要，全科教师在工作中，不仅需要掌握与学前教育有关的知识和理论，还需要具备灵活运用的能力，能够将分散的知识和理论予以重组，形成一套相互关联和融会贯通的综合性知识体系。全科幼师在实际工作中，不仅承担着基础性教育教学任务，需要引导幼儿掌握基本的自然和社会知识，还承担着幼儿基础的审美和艺术教育。全科教师在学前教育阶段的人文艺术知识、自然科学知识等需要打破体系，重组融合，在实际中根据需要加以运用，以便更好地帮助幼儿掌握基础知识与基本能力。全科教师在接受教育培养的过程中，除掌握与学前教育有关的知识和技能外，需要掌握各学科专业知识在实际教学中的应用能力，需要不断提高自身的综合业务素养，为成为一名复合型高素质人才奠定基础。

（二）注重岗位教学能力的综合性发展

由于幼师教育教学的特殊性，全科教师在从事学前教育时，与普通的教师有明显区别。全科教师要具备管理课堂、组织教学的能力，具备跟踪与观察幼儿成长过程的能力，具备与家长和社区进行密切沟通与合作的，还需要具备多学科知识条件下开展教学活动的本领，能够运用多学科知识开展与保育相关的各项活动。

（三）注重素质发展的全面性与复合性

实现幼师素质的全面性和复合性发展是全科幼师人才培养的目标所在。全科教师只有具备了能够胜任实际工作需要的能力和素养，才能在健康、自然、艺术、体育与科学等多个学科范畴中对幼儿开展教育教学能力，才能全面促进幼儿在知识与技能、情感等方面的成长和发展。全面性和复合性发展是全科幼师发展的职业起点，也是其在职业生涯中不懈追求的方向。

五、启示与建议

全科教育符合我国当前学前教育改革的发展情况和社会对于幼儿教师素质的需要。下面提出几点启示与建议。

(一)学前教育人才培养模式改革势在必行

从国家角度来看,我国对于学前教育改革一直保持较高的关注度。国家鼓励学前教育培训学校丰富学前教育资源、提高幼儿教师的师资素质和水平。目前,我国幼儿教师的专业单一性已无法满足学前教育机构对于高素质、复合型的幼儿教师人才的需要。各个学前教育培训学校应该积极响应国家的号召,增加对于全科综合型幼儿教师人才的培养力度,大力改革,提高幼儿教师的人才质量。

从市场需求来看,社会对于学前儿童教育质量的关注度越来越高。随着国家实行“二胎”政策,社会对于学前儿童的教育需求正在逐步增长。家长增加对于子女的教育投入,期望能够尽早提高子女的个人素质和技能。目前,我国的学前教育机构已经不仅仅是公办幼儿园和民办幼儿园,还有早教机构、亲子乐园等。激增的市场需求增加了对于幼儿教师的需求,也给学前教育机构带来了师资缺口。分科专业型的师资力量已经无法满足目前市场对于学前教育的需求,只有全科综合型幼儿教师人才才能迎接和完成这样的挑战。

从专业角度来看,我国学前教育的结构和组成在逐步完善。过去,我国的学前教育是由三级机构呈阶梯式完成的,三级机构是中等师范学校、师范专科学校和师范本科院校。随着国家教育的发展和教育理念的转变,中等师范学校逐渐取消,向师范专科学校和师范本科院校转变,学前教育专业在师范专科学校和师范本科院校都已经开设。随着师范本科院校对于学前教育的重视,在比较成熟的教育专业内已经开设了学前教育专业方向,如语言类、艺术类等。新的专业结构和格局为幼儿教师培养带来了新的冲击,原本的单一化的分科专业型的师资队伍已经无法适应专业和教育改革的要求,多元化和高素质的全科综合型的幼儿教师才是当前学前教育专业的培养方向和动力,也是未来国家学前教育发展的必然要求。

(二)接受全科综合型的培养目标与培养模式,改革当前的教育方式

随着国家教育改革和社会对于学前教育的需求变化,传统的教育模式和

方法已经无法满足当前幼儿教师培养的需求。对于全科综合型的幼儿教师培养，应该与时俱进，使用现代化的教育方法和教育工具进行多元化的培养。如运用多媒体技术丰富课堂教学手段，着眼于培养幼儿教师的创新能力和创造能力，从增加兴趣的角度出发，推动全科综合型的多元化、复合型学前教育人才建设。

（三）优化当前的师资队伍，满足全科综合型的培养目标与培养模式

高素质的师资队伍是培养合格幼儿教师的基础和保证。根据我国当前教育改革的要求，为了实现全科综合型的培养目标与培养模式，我国幼师的师资队伍应该大力建设。第一，应该提高当前师资队伍的学历、学位，提高师资队伍的专业水平，满足全科综合型培养的需要。第二，在师资力量薄弱的地区，可以实现地区内师资共享，建立互帮互助机制。这样可以优化教育资源，整合师资队伍，从而为培养出全科综合型的教育人才做准备，满足科研、教学等方面的需要。

本书编写组

二〇二〇年八月二十日

序 二　校本研训概述

校本管理主张通过各种校本活动，真正提升学校管理的有效性。校本管理的目标之一就是促进教师专业发展。校本研训作为校本管理活动之一种，以促进教师的专业发展为宗旨。校本研训已经成为学校提高师资队伍专业发展的重要载体与途径。

一、当下校本研训存在的共性问题

（一）形式单一

现阶段，部分学校校本研训形式单一，有些学校邀请专家为教师授课，有些学校则组织教师研究教学案例、开展教学研讨，并辅以一些相应的培训。虽然这些校本研训活动也发挥了一定的作用，但由于形式单一，很难真正激发教师参与的积极性。

（二）缺乏针对性

目前大部分学校采用了集中式的校本研训模式，在开展校本研训活动前并没有对教师专业发展需求进行调查。然而，由于教师的个体差异客观存在，教师的专业、层次、年龄等各不相同，这就要求校本研训活动要有较强的针对性。换句话讲，不是专家的级别越高培训就越有效，对于培训者与被培训者都需要有针对性。

(三)过程形式化

校本研训是受训教师“主动接受—自主反思—自主实践—科研探讨—再实践”的专业化过程。校本研训的根本目的是为学校在教育教学中遇到的难题寻找解决的方案,并提升教师的业务素养。但在实际的校本研训活动中,部分学校流于形式,如举行简单的讲座、做做笔记等,没有将校本研训落实到教育教学的实践活动中去,脱离了教育教学的实际。

二、校本研训问题的成因

在校本研训问题的成因上,既有外部原因,又有内部原因。

(一)外部原因

第一,主管领导未能参与研训。

校本研训的高效开展,需要有科学有效的管理措施。校本研训,以学校为组织主体,校长作为学校的第一负责人,自然而然就是校本研训的第一责任人。在学校的实际工作中,校长忙于参加各种会议、培训和检查,要筹措经费、组织教研和进行学校的日常管理等,没有充足的时间全程参与校本研训的实际活动。

第二,校本研训评价机制不合理。

在校本研训的活动开展中,一些学校脱离了研训的本质目的,对参与校本研训的教师进行多种形式的评价,并将评价结果与教师自身利益相联系,从而导致参与校本研训的教师有意掩盖自身的缺点,在教育教学中脱离真实的课堂环境进行校本研训,甚至借助非正当手段而有意抬高自身的教学能力和水平。如果学校不能客观、正确地评价教师,不能就教师的不足而提出建议和改进方案,那么很难促使教师养成分析与反思自我的习惯。

（二）内部原因

第一，教师的参训动机与认识误区。

校本研训发生在教师入职后，同全日制在校教育不同。校本研训对于教师没有吸引力，同时没有学历教育的压力，因此，教师对于校本研训的态度比较消极，多是被动参与，较少主动参与。部分参训教师急功近利，喜欢接受与模仿可操作性强的研训内容，对于抽象、枯燥的理论学习则心生厌倦，因此研训的实际效果往往欠佳。教师自身对校本研训的认识误区也是导致校本研训质量低下的重要原因。在多种因素的综合作用下，校本研训的吸引力大大下降。

第二，教师工作、学习、家庭之间的矛盾。

校本研训的实施离不开组织制度的支持和保障。当前阶段，学校的校本研训受限于既有的管理体制，研训时，有的教师不仅要承担基础的教育教学工作，还要参与班级的管理。对于已经成家的教师而言，家庭还要得到照顾和经营。教师参加校本研训，在课下仍要承担一定的职责，个人有限的时间受到支配或占用，一定程度上会打消教师参与校本研训的积极性，并最终对学校和教师自身的长期发展产生不利影响。

三、校本研训开展的思路

当前，校本研训要具有创新性，敢于打破固有思维，立足学校自身实际以及教师发展个性需要。

（一）转变研训理念

第一，要充分发挥校本研训中学校管理者的作用。

学校应成立校本研训的管理机构，以校长为主要负责人。具体工作由教科室组织实施并全面负责管理，并制定有效的管理制度，由校长室、教务处、教科室相关领导共同参与整个培训工作。做到活动有专题、有记录、有实效，将教师参与校本研训与其他的科研、培训有机结合起来。校长作为学校的第一负责人，应积极、主动地推动学校教学改革，不断更新教学管理观念，为教师研修和素养提升提供平台。同时，校长自身要不断提升领导能力，将校本研训落到实处，不断向现代化教育发展。总的来说，校长要切实肩负起校本研训的“总设计师”角色，科学设计，整体规划，不断创新，力争用多种手段来促进校本研训。

第二，引导教师正确认识研训教育。

学校从思想方面引导教师正确认识校本研训，推动教师由被动接受者向主动参与者转变。同时，学校应当为教师参与校本研训指明方向，帮助教师改变传统的教育教学理念。在课堂教学中，教师是引导者，学生是主体，师生是合作关系、伙伴关系，课堂教学要采用多种形式以吸引学生参与活动。教师作为教书育人的实施主体，必须养成主动学习、终身学习的良好习惯。在开展的教育科研、教学研究和教师培训活动中，要将科研、教研和师训融为一体，力争提升培训的综合性和有效性。

在校本研训中，学校要科学设计和整体规划，为教师自身素养的提升提供资源和平台，从教师教学实际入手，设计“导学研究”“教学设计”“学科网站建设”等研训项目，为学科组提供宽松的选择氛围。在研训活动中，以问题为课题，在课题的研究中对教师进行培训，进而建立以实践探索为核心的教育科研、教学研究、教师培训的一体化校本研训。可以说，校本研训一体化，是研究，也是实践，更是对教师的培训，真正实现“研”“训”一体，相互促进。

（二）整合管理机制

第一，整合校本研训的运行机制。

不合理的校本研训机制导致参训教师压力过大，使许多教师参与校本研训的积极性不高。因此，要切实发挥校本研训的作用，必须整合其运行机制。校本研训最为合理的时间是寒暑假期间，而在日常工作期间，对于校本研训实施者和组织者来说，更重要的是加强对教师研训需求的调查和了解。教师自己要在日常工作中积极反思，发现自己在教学与专业方面的薄弱处，及时向校本研训的组织者和管理者反映自己的专业发展需求。在收集教师专业发展的需求后，校本研训活动的组织者可以对教师专业发展需求进行分类，从而有针对性地开展与组织相应的校本研训活动。

第二，构建合理的研训评价机制。

针对目前部分学校不合理的校本研训评价机制，校本管理改革要建立科学合理的校本研训评价机制。在这方面，不能简单地把教师参加校本研训与教师奖惩办法挂钩，而更应该关注校本研训后教师专业能力和素质提高等方面。例如，教师在参与科研素质能力的校本研训活动后，可以设置一些关键指标，如课题申请成功率、科研论文发表情况，以此来作为校本研训活动的评价指标。又如，在教师参与教学和教研方面校本研训活动后，学校可以对学生进行问卷调查，从学生那里了解教师教学能力是否得到了发展与提高。

（三）优化管理方法

第一，创新校本研训活动的形式，形成多样的学习共同体。

针对目前校本研训活动形式单一的问题，今后学校应创新校本研训活动的形式，从而激发教师参与的积极性。打破传统的从上至下的校本研训活动形式，根据教师发展的需求去组建不同的教师学习共同体。

第二，针对不同研训参与对象，设置不同层次的研训目标。

对于目前校本研训活动针对性不强的情况，除了加强对教师专业发展需求的调研外，要注意对校本研训的对象分层，建立不同的培训目标。例如，学校可以把专任教师分为三个层次，分别是高级教师、中级教师、初级教师。对于不同层次的教师，要有相应的培训目标。对于高级教师，可以要求其一学年内上好一堂优质观摩课，认领1～2位小徒弟，指导一篇论文或课题。对于中级教师，可以要求其一学年内上好一堂特色研讨课，撰写一篇论文或主持一个课题研究。对于初级教师，可以要求教师写好备课笔记、听课笔记、教学反思，能在第一学期上好一堂公开课。

第三，丰富校本研训载体，强化校本研训活动的实践性。

针对目前校本研训活动实践性不强的问题，学校应提高教师参与校本研训活动的自主性和实践性。例如,学校可以改以往集中式理论授课的培训方式为教师自主进行理论学习;学校可以组织“同课异构”教学设计比赛,让教师结合自己对教学理论的研究,来参与“同课异构”说课展评活动;学校还可以在“同课异构”教学设计展评的基础上进行课堂教学实践活动,用课堂教学来检验教学设计的科学性、创新性和可行性。

孙英俊

二〇二〇年九月十一日

前　言

五十余载中职办学路，三十余载学前教育行。位于美丽的西溪湿地之畔，毗邻杭州未来科技城（海创园）、阿里巴巴淘宝城和紧依杭州梦想小镇的杭州市闲林职业高级中学（简称“闲林职高”），先后被评为全国“零犯罪学校”“国防教育特色学校”，形成了教育服务、现代制造和园林艺术三大专业集群，拥有学前教育、电子与信息技术、机电技术应用、电梯安装与维修保养、园林技术和数字媒体技术应用六大专业，以“文化统帅、特色发展、师生幸福”为办学愿景，以“办特色职业学校”为办学目标，坚持“循自然，尽其才”的办学理念，秉承“守正出新，知行合一”的校训，扬“湿地文化”之旗，走“绿色技能”之路，以“品清、行正、志雅、心善”的校风培养了大批“精思、笃行”的优秀技能人才。

近年来，闲林职高以课题研究为抓手，强化专业特色建设，积极探索人才培养新路径，相关研究已有阶段性成果。2016年，在杭州市职业教育与成人教育研究室的支持下成立“蒙学团”，这成为闲林职高学前教育全科人才培养模式践行的第一支队伍。经过不断淬炼，以蒙学团为班底的课题组在中国职业技术教育学会教学工作委员会“2019—2020年度职业教育教学改革课题研究”评审活动中，申报的课题“基于幼儿园实习岗位能力培养的中职学前教育专业校本教材开发与实践”（编号：1900691）成果通过评审。2020年，“中职学前教育专业‘全科教育’人才培养模式研究”（编号：2020SC006）成果获杭州市人民政府职业教学成果奖一等奖。在此基础上进一步研究，同年在浙江省规划课题评审中立项。

上述成绩的取得，让闲林职高在中职学前教育人才培养改革上再上新台阶。基于交流与共勉之目的，我们认为有必要对在教学成果申报及省规划课题立项工作中的具体做法、经验等加以梳理。

本书收录了闲林职高教师在“全科教育”理念下进行的教学实践及经验反思，共计17个专题，编写组分工如下：

丁卫东校长担任主编，负责统审。

季婷副校长担任副主编，负责统筹，字数约5万字。

孙英俊担任副主编，负责专业类论文编辑，字数约5万字。

齐云飞担任副主编，负责文化类论文编辑，字数约5万字。

编委有四人：

胡慧珍，编写幼儿信息化教学类内容，字数约2万字；

杨阳，编写舞蹈类内容，字数约1万字；

王利平，编写幼儿教学类内容，字数约3万字；

朱周周，编写声乐类内容，字数约1万字。

被收录文章的作者老师们也参与了相关篇目的编校工作，在相关篇目下我们特意给出了脚注，这里就不一一赘述了。特别需要说明的是，现在的文章都经过了仔细修改，与当初发表时差别较大。文章越改越精彩，我们希望能够得到读者的认可。

最后，我们对所有参与本书出版工作的人员表示深深的感谢！

本书编写组

二〇二〇年九月十五日

目　录

序　一　全科教育研究导论 / I

序　二　校本研训概述 / IX

前　言 / XV

教学细节运用策略——以体育教学为例 / 001

一、体育教学细节界定与资源生成 / 001

二、体育教学细节的实现途径 / 002

三、体育教学细节的运用实践 / 005

课堂教学掌控策略——以语文教学为例 / 009

一、中职语文课堂教学现状 / 009

二、中职语文课堂掌控要点 / 010

三、中职语文课堂掌控形式 / 011

课堂教学导入策略——以英语教学为例 / 015

一、导入策略种类 / 015

二、导入策略设计原则 / 019

三、导入策略设计要求 / 021

课堂教学提问策略——以数学教学为例 / 023

一、课堂提问存在的问题 / 023

二、提高课堂提问水平的建议 / 026

开放式作业设计策略——以语文学科为例 / 030

一、依据学情,内容分层 / 030

二、激发兴趣,形式多样 / 033

三、重视体验,三个“走向” / 034

四、促进反思,评价多元 / 037

“错误”资源利用策略——以数学教学为例 / 040

一、“错误”概念的界定 / 040

二、“错误”案例研究意义 / 042

三、数学常见“错误”类型与分析 / 043

四、捕捉数学“错误”资源的方法 / 044

五、数学“错误”资源利用展望 / 046

教学情境创设策略——以数学教学为例 / 048

一、中职数学课堂情境创设的缺点 / 048

二、中职数学课堂情境创设的策略 / 050

三、中职数学课堂情境创设的建议 / 053

课堂教学观察策略——以体育教学为例 / 055

一、课堂观察方案的制定 / 055

二、课堂观察活动的开展 / 058

三、课堂观察活动的建议 / 058

生活化教学选材策略——以幼儿心理学教学为例 / 060

一、取于生活 / 060

二、巧借综艺 / 063

三、以旧换新 / 065

信息技术应用策略——以音乐和体育教学为例 / 067

一、信息技术概述 / 067

二、信息技术在音乐教学中的运用 / 069

三、信息技术在体育教学中的运用 / 072

四、信息技术运用建议 / 073

思维导图运用策略——以英语阅读教学为例 / 075

一、中职生英语学习现状 / 075

二、思维导图在阅读教学中的运用 / 076

三、思维导图运用中应注意的问题 / 078

声乐审美教学策略——以声乐师资审美感知力培养为例 / 080

一、构建姿态美和发声美 / 080

二、夯实音律美和旋律美 / 081

三、训练表情美和语言美 / 082

四、塑造动作美和台风美 / 082

五、运用多样化手段教学 / 083

音乐理论教学策略——以学前教育专业乐理课教学为例 / 085

一、立足兴趣,点燃学生学习欲望 / 085

二、传授方法,提高学生学习效率 / 086

三、分享教学,让经验作用最大化 / 087

四、培育习惯,提高自我学习能力 / 087

舞蹈教学心理沟通——以学前教育专业舞蹈课教学为例 / 089

一、舞蹈教学中师生心理沟通的作用 / 089

二、舞蹈教学中师生心理沟通的策略 / 091

三、舞蹈教学中师生心理沟通的建议 / 094

幼儿歌曲教学策略——以学前教育幼儿歌曲教学为例 / 096

一、奥尔夫音乐教育理念综述 / 096

二、学前教育幼儿歌曲教学问题分析 / 097

三、奥尔夫音乐教育理念下幼儿歌曲教学策略 / 098

幼儿语言教学策略——以学前教育专业语言课教学为例 / 104

一、语言领域教学能力内涵界定 / 104

二、语言领域教学能力教学策略 / 105

幼儿英语教学策略——以学前教育专业英语课教学为例 / 111

一、幼儿英语教学技能培养计划 / 111

二、幼儿英语教学技能培养的教学策略 / 112

三、幼儿英语词汇教学的八种策略 / 117

后　记 / 123

教学细节运用策略
——以体育教学为例

教学内容为课堂教学的核心，教学细节为围绕这个核心的脉络。课堂教学要想得到较好的效果，须在教学细节上多下功夫。作为一线教师，应该回归教学的初衷，认识到细节的重要性，狠抓课堂教学的细节，将课改贯彻到实处。本部分以体育学科教学为例，探究如何在教学细节上做好策略的设计与实施①。

一、体育教学细节界定与资源生成

（一）体育教学细节界定

体育教学行为的最终目的就是完成体育教学任务，而体育教学任务的完成离不开对教学细节的落实。

何谓体育教学细节？一种观点认为，体育教学细节就是发生在体育教学过程中具备体育教学特质并影响体育教学效果的最基本的体育教学要素或行为。另一种观点认为，体育教学细节就是组成教学行为的若干分解，在师生连续不断的教学互动过程中产生，是最小的教学行为单位，是构成教学行为最细

① 谷亨利，孙英俊．从教学细节论体育课堂教学质量的提高［J］．教师教育论坛，2017（2）：57-59．收入本书时有较大改动。

致的部分。

体育课堂教学细节通常有教师的细节，有学生的细节，有教学内容、教材的细节，有动作技术的细节，等等，它们会有规律性地出现。语文教学、数学教学细节等多体现为内在的思维活动，而体育教学细节具有突出的情境化的特性，涉及很多肢体语言，包含师生之间互动的行为、学生的自练等直观动作，是可看、可触、可听的外显性行为。

（二）体育教学细节资源生成

对于教学细节资源生成途径与策略而言，要通过教学资源的整合、教学方法的优化及教学细节的灵活捕捉三个方面开展。

首先，教学资源的整合。教学实践证明，如果试图让教学过程中的相关细节变得科学、合理，那么就需做好体育教学资源的整合工作。这是因为我们的教学是为了实现某一个目的，而这个目的的实现必须通过一定的内容才能完成。

其次，教学方法的优化。虽然教无定法，但是我们还是要认真研究教法。好的教法可以事半功倍，体育教学更是如此。教师选择教学方法时要充分了解学生的实际情况，可以通过分解法、纠正错误法、游戏法、直观法、领会法以及探究法等，实现教学细节对课堂教学的促进作用。

最后，教学细节的灵活捕捉。有时候一些细节的出现需要教师在教学过程中灵活捕捉。

一位体育教师在分组练习组织过程中，本应“向右转”的口令喊成了“向左转”，学生立即执行了指令。正常来讲，这肯定算教学失误，但这位体育教师灵机一动，接着喊“向后转”的口令，继续实现了原定的“向左转”的教学小目标。

二、体育教学细节的实现途径

体育教学细节如果能发挥其作用，首先要有先进的教育理念做引导，教学内容要符合学生综合素质发展的需要。好的体育教学细节要满足三个条件：一是体现对学生的尊重、理解和对教师的人文关怀，二是体现教师的教学能力，三是满足教学任务的需求。

我们通过体育教学行为实践得知，细节虽小，平常容易忽视，但通过长久积累会对结果产生直接影响。换个角度思考，其实任何整体都是由平时不起眼的部分构成的，体育教学的细节见证着体育教学的每一个步骤，直接或间接地反映着体育教学的现状和特点，成为学校体育教学的基本组成部分。

(一)调整课堂结构，培养学生的个性能力

教学改革实践对象主体是学生，所以在课堂教学实践中，教师的一切课改计划和手段都应根据培养目标、学生特征和教学内容等具体情况进行创造性的发挥和灵活性的运用。对教师来说，凸显细节的体育课结构设计要围绕教与学有规律地展开，保证教学既有起伏又能有条不紊地进行。

教师课内对理论知识讲解和动作示范的时间如何分配，课堂中的纪律与自由如何掌控，学生可承受的压力如何界定，等等，都需要按照一定的规律和顺序去完成，这一过程便形成了教学细节。所有这一切都需要教师依据本班实际情况而科学设计课堂结构，调动学生自主学习、爱好学习的积极性，使体育课堂教学变得更具有乐趣，这是激发与培养学生个性能力的关键。

在体育课堂教学中，教师和学生的一言一行，教师和学生互动过程的一举一动，都彰显出细节的变化。细节通过教师的语言变化、表情变化、示范动作而显现，细节在学生一点一点领悟后产生的变化中得到显现。其中，动作过程产生的细节变化可以通过肉眼来仔细观察，但类似表情等只可意会的隐性变化是学生不会轻易察觉到的，这就需要教师适当引导，并且要把握学生可接受的程度，认真观察学生的反应，从细节入手，一点一滴地渗透进课堂教学内容中。细节教学的起点即用心，用心经营好一切，是提高体育课堂教学水平的有效手段。

(二)创设问题情境,激发学生的学习潜能

有问题才会有解决的方法,才会有思维的产生。为了让学生更有效地理解教学内容,教师要去发现问题、解决问题。教师要调动学生学习的积极性。让学生乐于去学习的关键,是满足学生的心理需求和个性特点,通过创设极具诱导性的学习情境来激发学生的探究知识的欲望。营造问题情境需要教师深度研究教材,了解学生的认知接受能力,通过适当的时机提出有效问题,然后通过趣味性的课堂活动让学生自主去探索问题的答案。

在体育舞蹈教学中,教学活动是以音乐为主,以学生身体做基础的教学活动。因此,动作细节是由人体动作的形态组成的,动作要符合自然节奏。只有这样,舞蹈形体动作才有节奏性,也就是说,每个动作间隔符合节奏的变化。细节是体育舞蹈教学中的重要因素。舞蹈者动作的节奏与速度受到舞蹈音乐的节奏与速度的影响。舞蹈者的动作只有与音乐密切配合,才能使舞蹈具有生命。因此,在这类教学中,学生必须认真、准确地掌握动作的细节,同时不断加强音乐修养。教师需要逐步给学生传授节拍等音乐知识,如强拍与弱拍的结合,四分之二拍、四分之三拍、四分之四拍等的区别。通过这样的教学细节,可以使学生理解什么是不同的节拍,这样才能提高他们的动作节奏的准确性,真正落实课堂教学的细节。

(三)优化教学计划,培育学生的学习兴趣

体育教师在制订教学计划时要树立“以人为本”的理念,充分考虑学生之间的差异性和自身的特点,在教学大纲的前提下,合理确定教学内容以及“教”与“学”的比例关系,对不同的学生采用不同的教学方法。体育教学的好坏与学生的身体素质和心理素质有很大的关系,所以教师还应合理安排运动量和运动方式,考虑到学生们的身体素质差异,实现区别教学。事实上,这种区别教学正体现了教学的细节化。体育教师在进行针对性教学的时候,应以教材大纲为前提,正确处理教材教学的先后顺序关系。

教师可根据实际情况对教材的先后次序进行适当改变,但前后衔接必须

自然，不能让学生觉得冲突。体育教学必须遵循由简到难、由浅入深的原则，一步一步提高。以舞蹈教学为例，教师在讲授完重点后，会让学生自由活动，然后让那些有把握完成整套动作的学生站在前面示范，其他同学站在一侧观看。这种做法，一是鼓励那些优秀的同学，增强他们的自信心和展示自我的能力；二是激发那些不会的同学不服输的精神，可以起到双重作用。这虽然只是一个细节，但从细节教学来说，可以极大提升体育课堂的教学效率，是有很大价值的。

综上所述，体育课堂教学中的细节可以体现在教学的语言中，体现在体育教学的节奏变化中，体现在体育课堂的教学组织中。在体育课堂教学中，教师需要通过调整课堂结构，来培育学生独特的个性能力；通过不断创造问题情境，来激发学生参与教学的主动性和积极性；通过设计教学计划，来培育学生参加体育活动的兴趣。

三、体育教学细节的运用实践

（一）语言教学细节的运用

课堂教学主要以教师对知识点的讲解和示范为主，以此起到授业解惑的作用，开发学生智力，同时通过学生自身的身体练习而掌握运动技能，因此语言是课堂教学的重要手段之一。教师讲与学生练是课堂教学的两个基本要素，课堂反复交替产生的讲与练形成了教学细节以及彼此之间的转换。一般来说，教师的讲解、示范和指导是学生掌握体育知识、技术技能的主要途径。只依靠教师讲解而学生不实践，很多动作套路就如同纸上谈兵；学生只一味地练而教师不就练习中的问题进行必要的讲解，没有理论做指导，则容易使学生不得要领，学不到正确的体育技能。所以说，无论是练得太多、讲得太少，还是讲得太多、练得太少，都会产生负面影响，使教学失去平衡。学生只有通过吸收知识，不断操练，就练习中的难点再次接受讲解指导，然后再练习，经过数次反复，才能熟练掌握相关的知识和技能。当然教学节奏平衡不是指只要使讲与练的时间达到平衡就够了，问题的关键不是完全做到时间平衡，而是要注重效率和质量。优秀教师的讲解极具启发性和感染性，语言生动、直观、形象、生动，易于学生接受。

体育教师在讲解一个动作时涵盖很多要素，如动作的方向、顺序、路线，以及如何站位、如何发力、哪个部位发力等。讲与练的过程中产生的细节是最容易掌握的细节，也是体育课堂教学中需高度重视的细节。在教学改革的背景下和新大纲思想的指导下，教学模式已不在一个固定模式下，创新层出不穷，从体育教学细节入手可以有所收获。

（二）节奏教学细节的运用

体育课堂教学的细节一般体现在动作的表达上，如动作由低层向高层递进的细节变化、动作力度的强弱变化、动作速度的快慢变化等规律性的节奏变化。

在体育舞蹈教学中，同一连贯性动作教师可以一拍示范，也可以分成两拍甚至三拍来示范，这种间歇式的示范和速度的变化，会产生不同的效果。每一种形式的示范，其肌肉强度、动作速度和力度等是不同的，这些细节就是便于学生记住动作的关键点，也是学生需要教师重点讲解的部分。另外，对于不同类型的课程，可配上相应的音乐，创造让人兴奋的教学情境，激发学生积极学习的动力，缓解学生学习的疲惫感。有效的体育课堂教学要注重张与弛的节奏的细节变化，教师要善于发现学生的心理需求。

> 以某体育教师的课堂教学为例，他在示范“侧翻”“前滚翻”“后滚翻”这些技巧类的动作前，设计了一个教学细节，即通过电脑将这些动作做慢镜头回放，本来几秒可完成的一个动作被分解成几十秒才能完成的十几个细小的动作。结果很明显，这样的教学效果提升了学生观察和思考的能力，帮助学生悟透了动作的精髓，比以往单一式的教学效果好。

事实上，改变传统授课模式的新颖的课堂设计，能使体育课堂教学变得活泼生动，所以在课堂教学中应多一点改变原有呆板节奏的细节，提升教学效果。

(三)“抓”与“放”教学细节的运用

体育课堂教学中“抓”和“放”的实施方不同,但都依靠教师来掌握。“抓”的主体是教师,是指教师的教学活动,如传授知识概念、示范动作技能以及进行组织管理和思想教育等,学生在这一过程中是属于“倾听者”的角色。“放”依靠教师引导,但主体实施者是学生。这一过程是指学生在教师引导下的自主练习活动。只要按照教师的基本要求,学生自练对达到教学目的能起到事半功倍的效果。教师应重视学生自主学习能力,大胆放手,鼓励学生发挥个性,发挥创新精神,让学生通过自练自己发现问题、解决问题。

体育舞蹈以往教学时,学生要么注意力涣散,要么总是抓不到学习重点,显得力不从心,要么不求上进,只为混时间,一节课下来学生没有收获。针对这种情况,某教师想到应该创设活跃的情境,把学习责任适当过渡到学生身上,让他们自主探索,在激发他们学习兴趣和动力的同时,让他们感受到一定的责任和压力。于是在经过统一的知识和动作传授后,该教师针对教学重点让学生自由组合,选择适合的音乐,然后自编动作,或针对音乐风格进行舞蹈创新,完全发挥学生的自主学习能力。这种更生动的教与学的课堂教学,能将细节之美体现得淋漓尽致。教师充当好细节引导者的角色,处理好自主与引导的关系,能有效掌控体育课堂教学的整个过程,让学生的主体性得到充分发挥。

(四)场地器材教学细节运用

体育课大多都在室外进行,因此,场地与器材设计就像室内课的黑板与板书一样,是上好室外体育课的重要基础。如果场地得到了充分利用,器材得到了合理运用,这将有利于体育教师组织教学,有利于学生注意力的集中,有利于练习兴趣的激发,总之,有利于提高体育课堂教学的质量。所以,体育教师在场地和器材设计与实际教学中要格外注意这一细节。

首先,体育教学中的场地与器材设计要从教材的实际出发。这是因为教材是场地设计的依据,备课中对于设计场地而言一定要做到“因地制宜”。

其次，场地与器材的设计要简洁、实用。体育教学的主要任务是促进学生身体素质发展，教学内容的多样化与训练方式的多样性，往往都需要多种器材与多块场地加以保证。最后，场地与器材设计要规范、合理。这就是说，备课中为了能顺利完成教学任务，体育教师需要在设计上注意其规范化与合理化，既要考虑阳光、风向等自然因素，又要考虑学生、教师等人的因素。

课堂教学掌控策略

——以语文教学为例

课堂掌控主要是指课堂上教师对学习情境创设的控制，对教学时间的合理分配，对教学目标达成策略的使用，对课堂气氛营造的调节，以及对学生学习方式的指导等。课堂掌控意味着教师对课堂教学的可预见性、渐进性、限时性的把握。如何实现有效的课堂掌控呢？本部分以中职语文课堂教学为例加以探究[①]。

一、中职语文课堂教学现状

中职学生进校时文化课分数较低，相对来说文化课基础薄弱，知识面狭窄，缺少一定的文化底蕴和文化修养。语文作为职业高中的一门文化基础课程，对于职高学生这一群体而言，有时显得无足轻重，形同“副科”。虽然有许多教学方法、教学手段在探索，但是语文在职高似乎失去了它原有的趣味性、文学性，一门生动无比、有着文化魅力的学科失去了应有的生命力。生命力的遗失，我们往往会责怪职高学生的语文基础差，文学功底差，上课纪律差，等等，有这些因素的存在，怎么可能让语文在职高课堂彰显它应有的生命力呢？但是深思一下，作为职高语文老师，有没有很好地驾驭职高语文课堂？职高语

① 张瑜芬.还原职高语文应有的生命力——职高语文课堂掌控的思考[J].高考，2018(28)：288-290.收入本书时有较大改动。

文老师以怎样一种心态来对待课堂？有没有很好地对课堂进行全面掌控呢？或许有些老师认为，在职高课堂中能够很好地控制课堂纪律已经算完成一半任务了，但是这样的课堂掌控，作为真正的课堂主体（即学生）一直是被冷落的。课堂掌控等于纪律掌控的时代已经过去了。语文追求的是学习共同体间的生命律动和智慧生成。

二、中职语文课堂掌控要点

（一）掌控不等于控制

通过惩罚机制威慑下的课堂掌控，并不是真正意义上的课堂掌控，而是一种“控制”。“控制”二字更适合运用于传统教育中有话语霸权的老师。“控制”是指教学在老师的控制范围之内，教学轨迹不会出现偏差。

在上课之前，教师已经有充分的备课，课堂上教师严格执行教案，认真地演出“教案剧”。教师拥有在传统纪律威慑下的话语霸权，整堂课看起来被控制得天衣无缝。但是，看到这个完美的表象的同时，是否认真地关注过这出“教案剧”的“配角”——学生呢？实际上，这样的“掌控”，就是“控制”。

掌控下的课堂有时候顺着预设的轨迹前进，有时候将生成新的前进道路。

（二）学生也有权利掌控老师

课堂是多变的，学生是学习的主体，学生的学习是一种自主学习，学生完全有自己的主动性、独立性、创造性。师生活动是一种互动。特别是在语文课上，多向思维的课堂正是我们所需要的，有很多因素在左右课堂的生长。教师很有可能被学生突如其来的问题所掌控，所以语文老师要做好被学生掌控的准备。

教师要想从容面对这些隐性的学生掌控，有赖于语文老师的文化底蕴和知识储备以及对生活的洞悉。当然，这种隐形的掌控恰恰说明学生在课堂上有所思考。这说明学生是积极主动地参与教学，是真正意思上的师生互动，有利于学生的智慧生成。学生认知水平、年龄特征等都会对课堂掌控产生影响。

(三)掌控不是只有40分钟

40分钟的课堂的确需要教师恰到好处地掌控。如果语文教师把他的掌控能力只发挥在这40分钟里,也不是全局的有震慑力的掌控。一堂掌控很好的课堂,它的作用不仅仅体现在课堂上,其实更多的潜在掌控正在发生着。怎样把掌控有效地延伸到课外,是值得我们深思的。

课外的掌控是无形的。教师要让无形的掌控和有形的掌控结合,把学生带入充满乐趣的自主性学习当中。40分钟之外,掌控别有洞天。

三、中职语文课堂掌控形式

(一)情境创设下的掌控

良好的课堂教学情境,能激发学生的学习兴趣,唤起学生掌握知识的强烈欲望,从而产生良好的教学效果。语文教学中更是不能缺少情境创设。因此,在教学过程中,语文教师要主动、自觉地创设情境,让中职学生能够准确、深刻地对文本进行解读。学生和教师都融入这样一种情境中,其实是在享受课堂,享受即投入,投入了还怕难以驾驭课堂吗?

情境创设可以设计新颖别致的导语,或提出问题吸引学生的注意力,或排演课本剧,或播放音乐,等等。

> 笔者在上《琵琶行》时,先以低沉幽婉的古典琵琶曲作背景音乐,描述那凄清冷落的深秋图景:秋天的傍晚,浔阳江畔,秋风瑟瑟,枫叶簌簌,荻花飘落。江岸上,两匹瘦马;江岸边,一叶小船。主客二人,默默举酒,只可惜这分别时喝的酒没有音乐这道极美的下酒菜!如泣如诉的描述可以营造出凄凉哀伤的氛围,让学生脑中渐渐浮出"枫叶荻花秋瑟瑟"的场景。学生渐渐进入了角色,沉浸在语言、乐曲描绘的情境中。

同时，为后面出现琵琶曲设下铺垫。创设情境这一手段荡起了学生情感的浪花，唤起学生的联想和想象，使学生的思维进入诗歌描写的特定情境中。这个时候他们联想和想象的翅膀或许已经打开，等待着后面教学过程中的腾飞。然后笔者让学生听配乐诵读，感受“秋夜惨别图”，感受笼罩全诗的沉郁、凄凉的气氛。有了这样的铺垫，再让学生寻找诗中有关音乐的描写，品味诗中的语言美、意境美，就不再是困难的事了。有人说，音乐应从男人心中烧出火来，从女人眼中带出泪来。这充分说明音乐与激情可以融为一体，可以从音乐描写中去感受人物情感的变化。这样一来，就完成了本课的一个教学重点——欣赏《琵琶行》中的音乐描写。最后在乐曲声中诵读诗歌，一同进入想象的音乐空间，学生似乎亲耳听到了琵琶乐声由舒缓流畅到冷涩阻塞再到激越雄壮，最后戛然而止，这一切让学生在欣赏音乐的跌宕起伏中感受到琵琶女“似诉平生不得志”的情感起伏。这种借助音乐形象调动审美想象的过程对学生的情感无疑是强烈的震撼！这挖掘美的过程本身也是一种美。因此，整堂课的教学中，“音乐背景—景(人和物体)—唤起学生内心之情感—配乐朗读体味人物之情感”都渗透着情境教学。

(二)情感渲染下的掌控

笔者这里要阐述的“情感”主要包括两点：第一，语文教学的灵魂之所在——情感教育，可以让语文起到荡涤心灵的作用；第二，语文教师在课堂上所带有的情感素养——一种精神状态，可以起着示范的作用。前者重在感化和熏陶，后者重在气氛的营造和感染。

情感教育在中职语文课堂中一旦展开，学生那份内心的情感一旦被唤醒，语文课堂掌控就可以充满情感而生气勃勃。中职语文中很多篇目都有浓重的情感。如毕淑敏的《我很重要》，通过这篇文章的学习，可让那些在中考失利中的学生树立自信，从内心喊出“我很重要”，从而在新的起跑线上扬起生活的风帆，去编织未来的梦想。

情感是语文课堂最好的渲染物。语文课需要老师在“传情”之中“传道”，在“解情”之中“解惑”。情感的渲染可以营造不可思议的教学氛围，特别是语文课，如果教师的情绪是高涨的，那么学生也会随之精神饱满，如果教师的情绪低落，学生也会无精打采。教师的情感控制不但影响自己的行为，而且直接影响学生的心境和教学效果。教师要把课前情绪调节到最优状态，从而优化课堂教学效果。

如何深入挖掘教师的情感资源？笔者认为语文老师应怀着一颗“慈悲”的心，想着怎样把学生“渡”到知识的“彼岸”，让他们能够在自己的课堂上轻松快乐地渡过40分钟，怀着一种轻松愉快的心情，他们才会有上语文课的欲望，对以后的语文课就会有一种期待，这样的掌控会达到双赢的效果。这种慈悲更多的是心灵的感化、情感的共鸣，体现在语文教学过程的各个方面。语文老师可以在范读中现情，讲解中燃情，设境中引情。如果语文课堂充满着感情，洋溢着热情，这肯定是一个鲜活的课堂。有时候情感的掌控比语言也许来得更深入。

（三）慧眼观察下的掌控

教师察言观色，洞察学生的心理，分析、推断学生言行背后的深层含义，从而熟悉学生的心理特点、情感认知，有针对性地掌控课堂教学各个因素，达到最佳的教学效果。

一堂完美的语文课，肯定有不同的意见相互碰撞。这就需要老师有一双慧眼，去辨识不一样的思想，及时进行正确的引导。有时学生的“弦外之音”体现了某些思想，有时学生一个眼神透露了他内心深处的某些想法，或者有一些异常的举动……教师要用慧眼去时时洞察这些潜在的课堂信息。

（四）角色转变下的掌控

一堂完美的语文课，也许教师扮演的已经不是那传道、授业、解惑的“教书匠”角色。教师可以是课堂教学的促进者，可以是学生成长的引导者，可以是学生发展的评价者，甚至可以是课堂的学习者，课堂行动的参与者，可以变成配角，成为课堂的欣赏者。

当教师以一个倾听者的身份来参与课堂时，也许整个课堂别有洞天。当倾听成为一种习惯时，话语霸权、话语权威让位于和谐的课堂，沙龙式课堂。朋友式交流，或许是最温柔的语文课堂掌控。在美好的教学情境下，语文教师怀着一份饱满的情感，带着一双灵动的慧眼，适时转变角色，这样的课堂会生机勃勃。

课堂教学导入策略
——以英语教学为例

教学导入策略设计的好与坏、积极与消极，直接受到教师教学理念的影响。一个教师的教育理念是他(她)从事教育工作的指南针，其优劣必将影响课堂教学效果。教师的教学经验也是影响导入设计策略的重要因素。有着丰富教学经验的老师知道什么样的课用什么样的方法导入最有效，那些经验欠缺的教师则只能摸石头过河了。教师的驾驭课堂能力和教师的威望对课堂导入策略的有效性也有着极其重要的作用。本部分以英语教学为例，对教学导入策略的种类、设计原则及相关要求等加以探究①。

一、导入策略种类

笔者将目前流行的课堂教学导入予以归纳，整理为表1。

表1 课堂教学导入策略一览

种 类	概 述
常规式	教师在上课时直接说出学习内容或者所要完成的教学目标，之后就开始相应的教学活动
温故式	教师和学生通过对上次所讲的知识进行简单回顾，找到新的问题并过渡到新知识的学习上来

① 张艳辉. 中等职业学校英语课堂教学导入策略设计与实践研究[J]. 英语教师，2010(10)：60-62. 收入本书时有较大改动。

续表

种　类	概　述
故事式	教师通过与所要完成的教学任务有着一定关联的故事引导学生,使其产生参与学习的兴趣
插图式	教师依据视觉刺激原理,利用图片完成导入
提问式	教师通过向学生提问的方式进行导入,又叫悬念式
情境式	教师在上课前通过一定的手段创设一定的情境以实现导入
背景式	教师利用所要学习的知识背景或相关一些历史题材进行导入
讨论式	教师组织学生讨论,引导学生参与,激发其兴趣,完成导入
多媒体式	教师利用多媒体等技术手段完成导入,有直观性,又叫视听式
激励式	课堂开始,教师通过语言激励或者物质激励的方式完成导入
时事式	教师利用教材和现实生活中较为贴近的时事完成导入
游戏式	教师在课堂上通过小游戏方式完成导入

下面对导入策略的部分种类进行分析。

(一)常规式

常规式课堂教学导入较为常见,主要就是教师在上课时直接说出学习内容或者所要完成的教学目标,之后就开始相应的教学活动。

此策略的优点主要是应用范围广,教师无须对其花费太多的精力,准备时间短,操作方便、简单。缺点是简单、平淡,在一定的程度上难以激发学生参与的兴趣,不利于后期教学活动的有效开展。

虽然常规式导入策略存在着较大的弊端,但是教师可以通过与其他导入策略相结合的方式加以综合性运用,尤其是讲授新课时运用较为理想,因为新课本身就具有一定的吸引力。

(二)温故式

温故式课堂教学导入就是教师和学生通过对上次所讲的知识进行简要性的回顾,找到新的问题并过渡到新知识的学习上来。

此类导入方式的特点就是能将所学知识前后贯通,既复习了已学的内容又完成了学习新知识的过渡,并且此策略无须教师对其花费过多的精力,在准备上较为简单,操作极为方便。缺点是运用本策略时学生容易产生厌烦的情绪,在一定程度上很难有效地激发学生的兴趣。

教师可以结合提问等方式,在语言技巧上下一番功夫。教师在选择此策略时要预先了解教学对象的实际情况,如对已学知识的掌握程度、上次课学生的学习兴趣情况等,在完成这些准备后再决定是否选择温故式课堂教学导入策略。

(三)故事式

故事式导入策略就是教师通过与所要完成的教学任务有着一定关联的故事引导学生,使其产生参与学习的兴趣。

本策略最大的优点就是抓住学生的好奇心。当教师说要讲个故事时,学生的注意力会迅速集中,容易激发学生兴趣。缺点是教师要对其花费较多的精力,因为不是所有的教学内容都有恰当的故事匹配,而且故事不能重复。

故事式导入策略在一定的阶段对于学生来说是非常有效的,如高一新生。但是,随着学生年龄的增长,接受新知识的增加,对于一些故事就失去了兴趣,为此教师要根据不同的教学内容和不同的专业选择不同的故事。例如学前教育专业的学生可以选择这个专业中比较有名气的人的故事,也可以选择刚刚毕业的学生身上发生的故事。

(四)插图式

插图式导入策略就是教师利用书中的图片或者教师自制的图片完成新课的导入任务。

本策略主要是利用了人的视觉刺激原理,使观看者(学生)产生兴趣,具有较强的直观性。缺点是:英语文章中插图较少且就在书中,这给寻找更多相关的图片带来了较大的困难,花费精力较多。

建议在运用此策略时,教师要预先了解学生,对将要授课的内容加以分析,并通过互联网搜集相关图片。

(五)提问式

提问式课堂教学导入策略就是教师通过向学生提问的方式进行导课,又称悬念式课堂教学导入策略。

提问式课堂教学导入策略主要利用提问给学生心理带来的动力原理,学生不知道教师会叫谁回答问题,因而注意力高度集中,这为教师的导入创造了契机。这个策略在应用范围上非常广。缺点是:由于提问必须要有答案,如果教师所提出的问题不能贴近学生的实际,那么很容易出现教师“自问自答”现象,这样的导入就失去了有效性。

提问式导入策略的应用好与坏,在一定程度上取决于教师问题设计的好与坏。要使提问收到最佳效果,就必须把握住最佳提问的时机。孔子曰:“不愤不启,不悱不发。”就是说教师要善于了解学生的疑难,掌握时机,及时解答。必须在学生具备了“愤悱”状态,要想“知”而不能立刻“知”时,帮助学生解决疑难问题。即所提出的问题与学生的思考、质疑相吻合,并在学生有思、有疑,正要提出问题而苦于不知怎样表达时,教师进行提问。问题的难易程度定得不恰当,是收不到提问的预期效果的。为此,问题的难易要适度,落在学生的“最近发展区”。其适度标准是:学生要经过认真思考才能正确回答。提问要从学生的认识实际与知识水平出发,所提问题的深浅、大小要适合学生的水平。适当难度的问题不是稍动脑筋就能解决的问题,而是在教师和同学的帮助下,通过独立钻研和积极思考才能解决的问题,而且这些问题一般都与理解教材的重点和难点有关。

(六)情境式

情境式课堂教学导入策略就是教师在上课前通过一定的手段,创设一定情境,以实现导课。

设计了情境,很容易使学生兴趣被激发,其导入的效果非常明显。缺点是:此策略需要花费一定的精力才能完成情境的设计,有时需要物力上的投入。

情境式课堂教学导入策略要描绘出某种具体而生动的情境,如通过表演以体验情境,通过画面以再现情境,实现课堂气氛的渲染,引发学生的想象,使其置身于特定情境中。教师除具备一定的语言能力外,还要具备一定的反应能力,能够根据学生的变化及时调整情境的创设。

(七)多媒体式

多媒体式课堂教学导入策略主要是教师利用多媒体等技术手段完成新课导入任务,其主要特点就是直观性。又叫视听式课堂教学导入策略。

多媒体式采用的是多媒体技术,因此其具有较强的直观性。缺点是:教师投入的精力较多,且应用时会受到相关场地与器材的制约。

建议在运用多媒体式课堂教学导入策略时,教师要做到了解学生、了解场地、了解内容。

二、导入策略设计原则

(一)实效性原则

鉴于中职英语教学对象的特殊性,在教学导入策略的设计上教师要坚持实效性原则。在具体的过程中,要充分考虑到实效性的具体要求,要结合所要服务的教学内容,不能只注重形式,在时间上不宜过长,以3~5分钟为宜。结合学生实际情况而贯以实效性原则的课堂导入,可以激发学生的参与,能够对后续学习起到帮助。因此,强化实效性原则是提高课堂教学导入的关键所在。

(二)连续性原则

笔者认为,在课堂教学导入设计上一定要坚持连续性原则。也就是说,所设计的导入策略不能脱离教学内容,要保证与其后面内容有衔接。导入取得了吸引注意力的效果,但是与正式教学内容不密切,这种“驴唇不对马嘴”的导入策略是画蛇添足。

(三)针对性原则

中等职业学校的英语课教学具有较强的专业特殊性,需要导入策略更加具有针对性。教学导入的设计要具有针对性,争取在最短的时间内获得最大的成功,不能目标模糊。

执行导入的针对性原则,笔者认为要通过以下两个方面加以落实。一方面,要针对授课的学生。例如,对于班上学习成绩比较好、反应能力比较快、心理承受能力比较强的同学,在导入时就要给以难度上的考虑。相反,对于班上整体表现为行为内敛、不敢或者不屑于表现的学生,可以通过提问式或者激励式导入策略实现导入。另一方面,要依据教师本身。教师要根据自身的特点选择导入策略。我们知道,不同的教师有不同的教学思维,有不同的课堂驾驭能力,所以其导入策略各不相同。教师在选择课堂教学导入方式时,要正确地认识自己的特点,根据实际情况而扬长避短。

(四)趣味性原则

中职学生活泼爱动但自我控制力较差,假设教师上课只是用冷冰冰的机械式话语导入,学生必定兴味索然。因此,教师就需要采用幽默而生动的语言或者亲切而活泼的动作调动学生的积极性。教师的语言、动作、表情等要有趣,有一定的艺术魅力,才能引人入胜。课堂导入设计时,教师要关注学生的心理特点,从学生的兴趣入手,激发学生的求知欲望,从而传授知识。这样的教学活动才能够使学生感到愉快。

三、导入策略设计要求

(一)克服盲目性,不要刻意求新

虽然英语课的导入环节贵为重要,但是不能为了追求其重要而盲目应用,更不要为了与众不同而刻意求新。类似这种现象,经常出现在公开课上。一些教师为了吸引听课领导和教师的眼球,突发奇想,选择奇思怪招,可结果是表面热闹而实际无益,这样做不仅会影响学生学习的兴趣,还会渐渐滋养教师的虚荣心。因此,笔者提倡,教师在导入设计上要脚踏实地,循序渐进,在稳重中求变化。

(二)反复实践,耐心修改

我们知道,中等职业学校的英语课教学具有较强的专业特殊性,因此导入策略要强调针对性。但是,好的导入策略并不具有万能性。换句话讲,一个导入策略在这节课上取得了较好的效果,并不意味着在下节课上同样好用。因此,在导入策略上,需要我们自己不断地反复实践,不断地修正。

(三)符合实际,以学生为主体

我们所设计的课堂导入策略,其主要的目的是为了完成接下来的教学任务所服务的,故而就不能脱离学生的实际,而且要坚持以服务教学内容为主。我们认为,中职英语教师要从学生的专业特点出发,从学生的身心特点出发,只有这样,所设计的导入策略才能是有效的。

(四)兼顾整体,合理做好铺垫

教学设计系统论告诉我们,教学过程的结构同样具有系统性。导入、呈现、理解、巩固、结尾五者的关系是一个整体,缺少了谁都是不完整的。如果我们教师只是重视一节课的课堂导入环节,而忽视其他教学环节,那么无论多么精彩的导入策略也不可能达到预想的结果。在导入设计上,要兼顾整体。

(五)符合目标,兼顾专业特性

实践证明,课的导入策略一定要根据教学既定的目标来设计,如果脱离了教学目标,那么导入就会失去其必要性。良好的开端往往等于成功的一半。中职学校的专业特点决定了其具有较强的学习专业性,这就要求我们英语教师在设定教学导入策略时要依据其学生的专业特性而进行设计。

课堂教学提问策略

——以数学教学为例

课堂提问是教学的重要环节，是师生进行信息交流反馈、情感互动的重要方式，也是激发学生探究意识、提升学生研究热情的重要方法。适度、适量、有效的课堂提问能够充分调动学生参与课堂教学互动的积极性，发掘学生的学习潜力，激活他们的数学思维，丰富学生的数学思想，培养全面发展的高素质人才。随着我国新课程改革的不断推进，很多数学教师已经认识到提问对学生思维发展、综合能力提升有积极的作用，开始重视课堂提问。但是，部分教师没有真正把握住提问的有效性，把手段当目的的现象较为突出。本部分以数学课堂教学提问为例，探究课堂教学提问的策略①。

一、课堂提问存在的问题

（一）课堂提问带有明显的随意性

不少数学教师提出的问题具有明显的随意性，没有结合学生的基础和发展水平，问题的关联性不强。一些课堂提问的目的性不强，没有经过认真的思考，无法体现教学的针对性，也不能突出重点问题和难点问题，因此，很难收到

① 王定．中职数学课堂提问存在的问题与改进建议——基于2016区调研观摩活动的思考[J]．学周刊，2017(2)：155-158．收入本书时有较大改动。

较好的提问效果。有些教师一节数学课设置了很多问题,最终只有数量而没有质量。问题之间没有联系,因此很难培养学生良好的思维品质;问题不能做到由简单到复杂,也就不能有效培养学生的思维能力。还有不少问题是没有必要的,却让学生分析与讨论,失去了问题应有的价值和意义。有些课堂虽然也在以提问去带动学生开展合作交流,但是缺乏合理的设计与引导,学生不能真正从问题讨论中活跃思维,难以找到解决问题的方法和技巧,因此学生能力得不到提高。一节课,提的问题很多,上得热闹,但是,课后学生没有多少收获和进步,这说明课堂提问的随意性影响了学生的发展与进步,也影响了教学的有效性。

有一位数学教师在讲授“椭圆的定义和标准方程”的教学内容时,为了引出椭圆概念,在这一环节设计了十个问题,但是很多问题与椭圆的定义和应用无关,而且不少问题是是非问,学生可以不假思索地回答,很多学生滥竽充数,随声附和。学生一旦回答错了,教师以“是吗”反问,学生立即否定自己的判断,做出了相反的回答。整个课堂都是教师问、学生答,这样的课堂看似非常热闹,但是很多问题都没有经过学生大脑的深思熟虑,学生仅仅根据教师的反应而回答。学生没有真正认识椭圆的定义,在以后的应用中不能真正感知焦点、离心率,无法真正理解椭圆与圆的关系,不能掌握公式变形,等等,也就不能真正培养学生关于椭圆的数学思维。

(二)留给学生思考与探究的空间少

在教学活动中,部分数学教师会给学生提出一定数量的问题,但是没有留下充足的时间让学生去思考与探究,有些问题,教师自问自答;部分教师仅仅重视问题的结果,忽视问题的思考与探究的过程,没有做好必要的引导,对问题的处理缺乏科学性,急于让学生回答问题,或者急于公布问题的结果,学生只能被动应付,没有进入真正思考问题的状态,不能真正锻炼思维能力;设计问题较多,或者课堂安排内容较多,为了完成教学进程或者教学目标,赶时间成为部分教师处理课堂提问不当的重要原因。数学问题需要一定的思考时间,需要让学生充分探究之后,才能激活思维,拓展思路,不断丰富解题方法;也只有让学生充分思考与探究之后,教师才能发现学生存在的问题,并进行有针对性的指导,这样才能提升学生的思维品质,才能促进学生的全面发展,才能确保课堂提问的有效性。

有一位数学教师要讲解“椭圆的定义及标准方程”的教学内容,为了突出课堂提问,在学生初步了解标准方程以后,向学生提出问题:“椭圆有几个标准方程呀?”这样的问题纯粹是为提问题而提问题的,学生不需思考,也没有思考价值。然后,该教师又给学生出示问题:“请同学们推导出椭圆的标准方程,哪位同学会? 请举手!”推导公式本来就是本课教学的难点,给学生设置这样的问题,且没有留下足够的时间让学生研究与探讨,学生无从下手,也就没有人敢举手。这样的问题没有发挥其基本价值,学生也没有思考与探究,没有找到问题的思路和症结,只能被动地跟着教师的讲解去慢慢思索、慢慢理解,学生的自主学习时间和探究空间被挤占,更谈不上通过问题来提高学生的思维能力和综合素养。

(三)无效提问阻碍课堂资源的生成

课堂提问是为了激活学生的思维,让学生能够对所学知识有更广、更深的认识,让学生在思考与回答的过程中训练综合能力。学生对问题的反应是多方面的,在思考与探究过程中还会发现更多的问题,这些问题是学生思考之后的重要成果,是促进学生学习能力提升的媒介,是提升学生综合能力的关键点,更是提高课堂提问有效性的重要保障。但是,不少教师仅仅重视问题的结果,忽视学生的思维、思路和问题,不能更好地发掘问题资源,不能整合出更具价值的资源,不能引导学生进一步探究。

学习“集合”的相关教学内容时,有学生突然提出一个问题:“学习集合有什么用呀？我感到难学而又没有实际意义。”这个问题本身就是非常好的信息资源，教师在教学中应该及时捕捉，并促进学生的生成能力。这位教师在课前没有先让学生认识到学习“集合”的意义，不能激发他们学习的热情；学生提出了这样一个问题，反映了他在学习时遇到了拦路虎，在理解时存在困难，更注意到要把知识和应用联系起来。这是教师适时调整教学节奏的重要契机，也是抓住问题、培养学生应用分析能力的重要契机。教师可以结合生活实际，展开开放式问题：“本班所有喜欢足球的学生算不算一个集合？喜欢篮球的算不算一个集合？既喜欢篮球又喜欢足球的学生算不算一个集合？元素又是什么呢？元素的特点是什么？”

二、提高课堂提问水平的建议

课堂提问是激活学生思维的重要方式，也是促进提升学生综合能力的重要方法。高中数学课堂教学一定要立足学生实际，突出有效性，避免无效提问。数学教师一定要把握课堂提问的基本原则，采取有效策略。

（一）设计问题要实现温故知新

提问的方式有很多种，目的也是多种多样，但是，温习旧知识，感知新知识，是提问的重要目的，是促进学生学习进步的重要途径，也是有效提问的常见策略。根据知识之间的联系和学生知识构建的基本规律，从巩固学生已有的知识入手，可以设置一些问题，让学生回忆学过的知识点，逐步引向新的知识。一般是让学生对数学概念、定理、性质、公式、解题方法、做题思路等进行回忆、复述。教师提问要面向全体学生，问题要由点到面，由简单到复杂，从低层次到高能力，让学生能够在复习中巩固知识、提高水平，让更多的学生能够感知复习的价值和收获，从而不断提升他们的能力，增强他们的自信。

学习完“函数的极值”的内容时，在学习新知识之前，先给学生设置这样一组问题(用多媒体投放,供学生思考回忆):“(1)何为函数的极大值和极小值?如何从图像分析判断其极大值或者极小值?(2)何为函数的极小值点和极大值点?怎样直接从图像上判断?如何从导数符号角度来进行分析判断?(3)极大值是否一定比极小值大?其大小关系是什么样的?(4)是不是所有的函数都有极值?什么样的函数没有极大值?什么样的函数没有极小值?”这样的问题,从基本概念到图像分析,再到分析比较,由基本的知识点到整个函数极值的知识和能力结构面,通过课堂提问能够帮助学生更好地回忆和梳理知识,有利于新知识的感知和综合应用。

(二)设计问题要设有悬念

悬念是认知主体对认知对象感到困惑不解,由此产生一种急切想知道结果的心理状态。教师将知识和能力融入问题中,确保学生分析思考能够掌握知识,提升一定的能力,达到提问的效果,还要结合学生的心理,设置一些悬念,让学生产生探究的欲望,以此做到高效学习,实现有效性和高效性的统一。引入新课和复习已有知识都是重要的教学环节。教师教学要体现引入新课的特殊性,体现问题的个性化,善于对教材内容进行二次开发,能够设计一些学生有感觉却一时不知如何变化的问题;或者发掘根据学生惯性思维却不合常规的现象,通过问题引导,激发学生的探究热情,提升学生的求知欲望,从而促进学生的思维创新。

学习对数的运算性质时,教师可以拿一张白纸连续对折三次,然后向学生提出问题:“一张普通白纸只有0.01 mm厚,对折三次后,它的厚度变成多少?如果再连续对折50次,它的厚度会是多少?是否高出我们的身高?是否超出我们的教学楼?是否赶上珠穆朗玛峰?”结果公布后,所有的学生一脸惊愕,他们都想知道这是否真实,怎样计算,迫不及待地学计算的方法。此时引入新课的学习,一定会取得事半功倍的效果。

(三)设计问题要能凸显探究性

高中数学教学不能让学生机械地记住概念、会背公式，而要在让学生掌握基本概念、公式、定理的基础上，设计一定的探究性问题，让学生相互合作，积极探究，更好地培养学生的探究意识，提升他们的研究能力。新课程标准强调高中数学教学要注重探究性学习，让学生在自主学习的基础上，学会合作探究。学生的学习活动不能仅仅停留在接受、模仿、记忆、做题的层面上，高中数学应该鼓励学生动手实践，合作交流，这样才能更好地突出学生的主体地位，调动学生的学习积极性和主动性，培养创新型人才。课堂提问一定要体现一定的探究性，让学生结合重点和难点进行探究。

学习函数的奇偶性的相关教学内容时，先让学生掌握基本的定义，熟悉教材中的例题，在学生自主学习基础上，为学生设计一些问题，供学生合作交流探究："(1)如果一个函数的定义域关于原点不成中心对称，请问它是奇函数还是偶函数?(2)是不是所有函数都有奇偶性？什么样的函数没有奇偶性?(3)如何才能准确判断一个函数是奇函数还是偶函数?"

(四)设计问题要具有明显梯度

有效的课堂提问需要把握一定的梯度，让学生能够逐步思考，渐渐感悟，以此培养他们的思维品质和分析能力。开始设置的问题相对容易，能够帮助学生更好地进入思维状态，消除学生的畏难心理，激发他们参与的积极性。高中阶段学生的知识基础和能力存在差异，因材施教原则要求问题设置不能过难，也不能过于容易，要照顾基础薄弱学生的学习需求，也要考虑程度较好的学生的能力发展空间。让基础薄弱的学生能够感受自己的存在价值和学习能力，找到自己的发展空间；让基础知识较好的学生有更多的思考探究的时间和空间。因此，设计的问题要灵活多样，做到由易到难，从简单到复杂，从基础巩固到提升能力，层层推进，步步深入，帮助学生感知学习数学的成就和进步，收获思考的喜悦和快乐。

学习完函数的相关概念以后，结合函数在科研、生产生活中的具体应用，为学生提供一个关于气候变化和时间关系的函数应用案例。可以为学生设计几个问题：“用图来表示某地气温变化和时间的函数，随着时间的推进，气温呈现出一定的变化趋势。气温是逐渐升高还是逐渐降低的呢？在哪个波段可以判断气温是上升的，在哪个波段可以看出来气温是下降的？如何运用数学语言来描述气温变化和时间的关系？如何结合当地的温室生产或者副业养殖情况，做好保温工作？”这样的问题具有明显的梯度性，让不同层次的学生找到自己的存在价值。基础薄弱的学生思考难度较小的问题，学习能力较强的学生思考回答后面的难度系数较大的问题。设置梯度式数学问题，培养连续思维能力，帮助学生多层次、多角度地分析，真正培养他们的问题意识和分析能力。

除了上述四点，我们在设计课堂问题时要做到以下四个“要”：

一要目的明确，知道设计问题的出发点和目的是什么，或为了更好地复习旧知识，或引导学生探讨新问题。

二要突出启发性，不直接用对错来回答，也不能让学生不知如何回答，需要在学生的思维突破关键点上设计问题，帮助学生寻求突破和提升。

三要坚持原则，不能都是简单问题，也不能直接上升到非常难的程度，而要引导学生逐步分析，依次探究，渐渐提升。

四要及时反馈，对学生的问题能够及时回复，保护他们的思考兴趣和学习热情。

开放式作业设计策略

——以语文学科为例

作业是学生课堂学习的有效补充与巩固。课后作业布置是否有效，直接影响到课堂学习完成的质量高低。开放式作业设计，就是教师打破传统的作业设计模式，充分考虑学生的个性特点、学习基础和能力、学习需求和专业发展等，少设一些限制，多给一些自由，使学生在获取语文知识的同时，培养完成作业的兴趣和主动性，学会运用知识的本领，获得终身受用的语文应用能力、创造能力和社会实践能力。本部分以语文学科开放式作业设计为例，探究学生开放作业设计的策略[①]。

一、依据学情，内容分层

中职学生，由于个性特点和学习能力的不同以及专业学习需求的差异，如果让他们完成同一作业，不仅会出现“吃不饱”或“消化不了”的现象，甚至会产生抗拒情绪，甚至阻碍专业学习兴趣的培养和专业素养的提高。要想让不同的学生都能在完成作业的过程中获得成功的体验，教师就必须采取作业分层的策略，让学生自由选择适合自己的作业。

① 齐云飞.四维度作业设计的有效性——以浙江中职语文实验教材为例[J].中学语文教学参考，2019(24):41-42.收入本书时有较大改动。

(一)根据个性特长分层

学生的兴趣爱好、个性特长存在客观差异。语文作业的设计在保证全体学生达成基本目标的前提下,应尊重个性差异,关注学生的兴趣和特长,以满足不同学生的学习需求,为其个性和特长的发展创造条件。

如学完《丈夫支出账单中的一页》一文,这样设计课后作业:

(1)本篇小说最大的特色,是用了极其干瘪的、陈述性的、"乏味"的七句话,通过丈夫的一页支出账单,展示跌宕起伏、意味无穷的生活故事。那么,你是否也用极其干瘪的、陈述性的、"乏味"的几句话,再为丈夫列出一页账单(或列出一个时间安排表),再展示一个跌宕起伏、意味无穷的故事?(必做)

(2)阅读以下三篇小说:《德军留下的东西》《在柏林》《鞋架》。小组合作探究。你觉得哪篇小说情节最好?请从"情理之中"和"意料之外"进行分析。(选做)

(3)根据本课的学习,创作并修改自己的微小说,并誊抄在一个专门的本子上,作为"我的书"的第一篇。(选做)

(4)分享同学们的微小说创作,从两个方面评价。一方面,是"识":语言是否够干瘪、够"乏味"且都是陈述句,故事却相当精彩?另一方面,是"辨":我的这个故事,想说什么?有多少是我写了你却没有读懂的?(选做)

作业(1)是面向全体学生的,作业(2)面向喜欢文学的学生,作业(3)面向学有余力、愿意继续品味小小说的学生,作业(4)面向喜欢语文实践活动、有一定写作爱好的同学。这样适量、适当的作业要求,能有效地帮助学生体会成功的喜悦,培养自信心。

(二)根据学习能力分层

针对学生语文能力有差异的客观事实,为他们确定相应的目标,设计难易有别或有梯度的作业。一般来说，可设计落实大纲要求的基础训练题、发展思维的思辨型训练题和拓展延伸题。要求一般学生能实现基础目标，努力完成发展目标；基础较好的学生努力完成拓展目标。这里，作业的布置既可以是对不同学生设计不同的作业，又可以是针对同一道题目提出不同的要求。

如学完《清兵卫与葫芦》一文后，笔者设计了三道作业，要求学生至少选做两道题：

(1)向自己的父母详细复述清兵卫的故事。

(2)小说的结尾意犹未尽。清兵卫对葫芦的爱好被扼杀后，热衷于绘画了。他的这一新的爱好能坚持下去吗？后来会怎样呢？请合理展开想象，续写这篇小说。

(3)小组合作。选取文中的一个片段，编成课本剧。

作业(1)(2)主要面向学习基础较弱和一般的同学。对于作业(2)，学生可根据自我学习能力予以选择。作业(3)主要面向基础较好的同学。

(三)根据专业特色分层

专业性质的差异，往往会带来学生所要形成的语文学习能力的不同。教师在设计学生的作业时，不仅要考虑到语文知识的巩固与练习、语文能力的培养，还要充分考虑到学生的专业特点和专业需求。

如学完《荷塘月色》这篇文章之后，对于正在开设美术课程的学前教育专业的学生，笔者特意布置了这样一道作业：

背诵课文第4—6自然段，把握本文的景物特点，充分发挥想象力，用简笔勾勒出朱自清笔下的荷塘月色美景，并涂上水粉色彩。

对于计算机专业的学生，布置的作业是：

熟读课文，把握本文的语言特点，写一段细腻、形象的文字，解说朱自清所描绘的荷塘月色美景，在课后讲给身边的同学听一听。

这样的作业设计，既涉及语文知识的巩固与语文能力的训练，又符合学生的专业兴趣，学生完成作业的积极性以及作业完成的质量都较高，而且专业技能在语文作业中得到了一定的训练与发展。

二、激发兴趣，形式多样

要让学生不害怕、不逃避作业，甚至渐渐喜欢作业，作业设计就要富有创意，形式新颖，使学生在做作业的过程中获得快乐的情感体验。

（一）呈现形式多样

作业不应只是单一枯燥的文本，而应是富有色彩、充满情趣的多元复合体。根据不同的内容，可以把语文技能的培养贯穿在活动中，将作业融于游戏、制作、观察、调查、表演之中，由此激发学生多方面的感官体验，让学生动手、动脑、动口。作业设计的形式可以是文本式，也可以是口头式、表演式、动手操作式、调研式等。

如学完《三打白骨精》后，笔者设计了这样两道作业题：

(1)试画出本文情节矛盾的发展变化曲线图，以便直观了解矛盾在情节中的作用。

(2)《三打白骨精》的故事代代相传，你如何运用创意复述的方式给弟弟妹妹讲这个故事？

（二）设计主体多样

学生是学习的主体，是学习的主人，教师是学生学习的合作者、引导者和参与者。因此，我们应打破传统的教师权威，根据教学内容的特点和学生实际，尽可能地给学生提供自主探究、独立获取新知的机会，放手让学生设计。

例如，课后小结、单元小结，可尝试让学生自己完成。特别是单元小结，除让学生自己整理知识网络外，可以让学生以小组为单位，根据自己整理的内容制作单元测试题(可以是基本题、变化题、实践题等)、会考模拟题,也可以让学生在"认清"样卷的前提下,全班合作设计一两套试卷。在学生自主命题的过程中,学生不仅更加清楚会考的题型,还深刻认识到具体题型考察的重点、要点,不仅开阔了阅读的视野,还拓展了解题的思路。

(三)探究方式多样

学习的最终目的不是掌握知识,而是学会学习的能力。这种能力既可以来自自我的探索,也可以来自他人,这就为合作学习提供了可能。学生的作业完全可以通过合作的方式来完成,让学生在合作中相互沟通,共同负责,从而学会学习,并品尝到合作的乐趣和完成作业的喜悦。

中职学生的学习积极性有所欠缺,但是他们喜欢张扬个性,大胆展示自我,自我实现的需要表现强烈。作业中适当设计以个人或小组为单位的竞赛练习,可激发学生完成作业的兴趣,刺激学生的求知欲。

三、重视体验,三个"走向"

重视体验包含三个方面的内容:

第一,增强作业的实践性。可化单一的"思一思""写一写"为"听一听""说一说""演一演""查一查""编一编""做一做"等丰富多样的实践活动。

第二,作业生活化。作业的设计密切联系生活实际,引导学生关注社会、关注生活。

第三,不是简单地调动人体各器官的积极参与,活动的开展应有利于语文综合能力的形成,有助于潜能的挖掘、个性的发展、思维的创新等。

如何在作业设计中落实这三点?以下"三个走向"不失为一条可行之路。

(一)从文本走向实践

对中职学生来说,掌握一定的文化理论知识固然重要,但一旦与其今后的就业和创业联系起来,综合职业能力的培养就显得更为重要。在语文学习活动中，培养这种能力的主要途径恰恰是语文实践活动。学生学到的文本知识，只有与亲身参加实践活动结合，动口、动手、动脑，才能运用知识，把知识转为技能，形成能力。

如学完《〈庄子〉四则·相濡以沫》后，为了帮助学生创造性地理解鱼的形象与作用，笔者设计了这样的作业：

> “相濡以沫”这个成语在古今演变中意思改变了许多，请你以鱼的身份告诉人们“相濡以沫”最初的意思以及后来的变化。

为了加深学生理解“以小见大”这个知识点，结合写作训练，我又设计了这样一个作业：

> 请从生活中选一个事物，写一个故事来解释“以小见大”。

这样的作业设计，与传统的作业相比，变化很大：既强调对文本本身的理解，又联系生活，训练学生动口、动手、动脑的能力，很受学生欢迎。

（二）从封闭走向开放

生活处处皆学问。语文学习的资源和实践的机会无处不在，无时不在。教师在设计作业时，应当树立开放的语文教学观念，将作业由教材向生活延伸，由课内向课外延伸，把学生置于开放的环境中。

如“风情余杭”为主题的课外活动，要求学生利用课外时间，通过走访、调查、网络等手段，搜集家乡的自然美景、民风民俗等，在班级交流。还举办了“余杭风情摄影PPT制作”竞赛，要求如下：

> （1）四人一小组，要求每小组制作一个课件，照片不少于10张（可以是碑刻、石像、古桥、古屋等古代文化遗物，或者民风民俗，如有特色的婚礼、祭祀，以及娱乐活动等照片）。
>
> （2）要求有文字介绍，文字要有文学色彩。
>
> （3）照片和文字的安排要有条理性，整个课件要有完整性。

(4)可以配上背景音乐,插入视频等,具有个性化特点。

对于这样的富有生活气息、实践性强的作业,学生参与活动的积极性很高。有些小组的课件,不但制作精美,而且文化内涵丰富。

(三)从单调走向丰富

第一,扩展性作业。

布置作业不一定要等到学习完课文,了解相关内容后,课前、课中、课后都可以布置专业。

教师完全可以利用先进的现代信息技术,激发学生的学习兴趣,要求学生在学习课文前,结合文章内容,查找并阅读相关资料,搞好课前预习。

如学习“变形记”诗歌单元《诗四首》前,为了让学生更好地理解诗歌的“变形”,笔者在课前布置任务,要求同学们从各类媒体广告中,寻找生活中语言变形现象,记录五句你认为最优美的句子,并发在班级群里,不要重复。如果在寻找中有不明之处,请注明并上传。在课中即第一课时后,为了让学生更好地体会“变形”并不是凭空而来的,而是基于感情表达的需要,笔者布置了这样的作业:

用代入法体会诗歌的“变形”。假设自己是其中一位诗人,自述创作过程,重点说明变形理由,并诵读诗歌。

在完成本课的学习后,笔者又布置了这样的作业:

运用“变形”的方法写一首短诗,将自己所写的诗歌进行图文编排与打印,制作一张精美的书签或者明信片。

在诗歌阅读教学过程中,学生已经掌握诗歌语言“变形”规律。本课从课前、课中到课后的作业,都从写作的角度对这些方法加以运用、体会,这既让学生掌握了一定的语言表达技巧,以诗的方式书写性情,又让学生鉴赏、审美的能力得以生长。最后的作业,通过活动的形式发表作品,提升诗歌表达的综合运用能力,给学生以成就感。

第二,积累性作业。

学习语文尤其需要知识的积累。可以让学生专门用一个笔记本,摘抄一些名句、古诗、成语、名篇等,以课本为主,以课外读物、网络文学为辅,指导学生做好这些资料的收集与整理,同时可定期举办优秀作业展览,激发学生的兴趣。在这样日积月累的过程中,完成知识积淀。积累性作业的设计,对于高三学生而言,其积极作用明显。

如笔者在高三基础知识模块复习训练评讲过后,布置以下作业:

(1)将凡是自己做错了的基础知识题目都抄录在本子上,不仅要写出正确的答案,还要用不同颜色的笔详细标注出选择这个答案的原因。

(2)对于做对的基础知识题目,如果对其中的某一个或某两个选项的知识点自己没掌握或是掌握不熟练,记在本子上,并且分门别类。

第三,练笔性作业。

笔者所在学校每学期每位学生人手一本"周记本",顾名思义,一周一记。虽是班主任批阅,但大家对学生"无话可说"或"说得可笑、荒谬"的情况早有耳闻。语文教师,尤其是当班主任的语文教师,可以充分发挥引导作用,让学生不要将周记看做是思想的包袱,而应看做是心灵的花园,是个性写作的园地,是提升文学功底的基石。

此外,可以培养学生写日记、随笔的习惯。如写所见、所思、所感,写读书心得,仿写、改写课文,编课本剧、故事,等等。对于学生的小创作,老师要做好定期讲评工作,发现好文章要及时向学校文学社刊物推荐。

四、促进反思,评价多元

中职语文作业的评价,不仅要关注学生知识技能的理解掌握和能力的提高,还要关注学生情感、态度与价值观的形成和发展;不仅要关注学生语文学习的结果,还要关注学生获得过程中所做的努力,让学生在评价中总结与反思，在评价中获得进步与提升。

（一）评价主体多元化

学生作业教师改，跟教师命题学生做一样，学生都处于被动地位。因此，作业评价应打破传统的以教师为权威的枷锁，让学生、家长等更多的主体参与评价的过程。

（二）评价内容多元化

作业评价要注重过程性评价与终结性评价相结合。

如对学生完成的《古诗两首》中《琵琶行》的课前作业，笔者制定了相关评价量表，组织学生从作业过程和作业结果两个方面进行评价。

在上述作业评价量表中，笔者通过对成员配合情况、作业完成态度的评定及“努力之星”的评选，关注了学生作业完成的过程及完成过程中所付出的努力；通过对作业完成情况、知识技能掌握情况的评定及“成就之星”的评选，关注了学生作业完成的结果。

（三）评价方式多元化

作业的评改既是一次作业的终结，又是下次作业的开始。如果教师只是不痛不痒地写上“优”“良”“中”“差”或“A”“B”“C”“D”等程式化批语，或者写一个分数便了事，不利于学生积极完成作业。

在作业批改中，笔者多采用激励式评价和启发式评价。

学生尽管在完成作业时可能会随随便便，敷衍了事，但是对于老师的评价还是相当关注和在乎的。在评价作业时，要充分利用学生的这一心理，让他们在激励赏识中迈出喜欢做作业的第一步。这就是激励式评价。

学生完成作业的目的，并不在于为了做而做，写一次是一次，而在于知识的巩固提高，能力的逐步提升。教师评价学生作业的目的不是为了改而改，完成任务，而在于启发诱导，扬长避短，或提高学生完成作业的兴趣，或增强学生完成作业的信心，或找到新的起点。这就是启发式评价。

综上所述,中职语文教师要贯彻开放式教学理念,确立以学生为本、新颖多样、面向全体、关注过程的语文作业观,设计出能极大调动学生的学习兴趣、引导学生关注生活、促进学生专业发展、提高学生综合素养的作业,使学生的个性在这里得到张扬,使学生的人格在这里得到尊重,使学生的情感在这里得到体验,使学生的潜能在这里得到发掘,使学生的生命在这里得到成长。

“错误”资源利用策略

——以数学教学为例

人们常说:“有些垃圾是放错了地方的宝贝。”如果我们能用这样的眼光来看待课程与教学,那么会是一种什么样的境界呢?新课程给教育带来新的冲击。尊重学生的天性,尊重学生生活的独特价值,蹲下来与学生平等对话,是当前教育界的普遍共识。走进新课堂,不难发现课堂生机勃勃。在课堂上,老师与学生欢声笑语,愉快地对话与交流。可深入课堂,我们就会发现,我们的课堂存在着许多不尽如人意的地方:有很多教师对“错误”避之不及,课堂教学追求的效果是“对答如流”“天衣无缝”。课堂教学中,有些教师总是想方设法使学生回答的问题或“表演”不出一点差错,特别是在一些公开课的教学中,教师总有“高招”使一些容易产生典型错误的稍难问题,按教师设计的正确方法去解决,这样就掩盖了错误的暴露以及纠正过程。事实上,任何事物的存在总是有其特定条件的,错误亦然。尤其面对当今中职的学生,我们更应该去正视学生在课堂上的在知识学习过程中出现的错误。本部分以中职数学教学为例,探究“错误”资源的利用策略①。

一、“错误”概念的界定

(一)哲学上的界定

哲学研究错误问题,对错误有自己的定义。在哲学上把错误称为谬误,与

① 周秋伟.基于“错误”案例的中职数学教学有效性研究[D].杭州:浙江工业大学,2013.收入本书时有较大改动。

真理概念相对。谬误是指主观对客观的歪曲反映,谬误是片面的。在哲学上真理属于认识范畴,所以在哲学里,与真理相对的错误也属于认识范畴,哲学上的"错误"仅仅是指错误的认识,而不指错误的行动。在哲学词典里也对"错误"做了定义,把"错误"同"正确"相对立来解释,指主体与客体规律不相一致的认识或者实践。显然,这里对错误的定义进了一步,不再局限于错误是一种认识,错误不仅指不正确的认识和观点等,还指不正确的行为。

(二)一般意义上的界定

"错误"的概念不仅在哲学中出现,还在其他学科和日常生活中常常使用。《现代汉语词典》(第7版)对"错误"的界定包括两个意思:第一是指不正确,与客观实际不符合,如错误思想;第二是指不正确的事物、行为等,如改正错误。因此可以看出,一般意义上的错误不仅指错误的认识,也指错误的行为。

国外相关文章中,研究与描述学生错误的时候,使用的词各有不同,一般用四个词来表示:"error""obstacle""difficulty""fallacy"。这四个词的内涵不完全相同。其中使用频率较高的是"error",指一般意义上的错误、过失,不仅包括错误的事物,还指道德方面的过失,有一定的广泛性。"obstacle""difficulty"指困难、障碍之意:"obstacle"有错误之意,主要指相对于达到预期目的而言;"difficulty"错误之意,主要针对主体的能力或者主体的状况而言。最后一个词"fallacy",通常指错误的论点或者对事物推理的错误,是比较具体的,具有较强的针对性和指向性。

综合国内外学者对"错误"的研究可以看出,关于"错误"研究的领域在不断扩大和深入,人们对"错误"的理解以及对"错误"原因的认识在不断变化,而且学生"错误"的合理性逐渐得到一些教育者或者一线教师的认可。对于数学错误研究的目的,不仅仅是诊断与矫正,更应该把"错误"看做是一种有效的教学资源,可以有效地利用教学中的"错误"来成就精彩的数学课堂。

二、“错误”案例研究意义

（一）调整教师的教学思路

教师在发现学生错误的理解或者错误的应用时，可以及时调整教学进度及思路，为下一步的学习奠定扎实的基础。

（二）激发学生的自主探究

教师在发现学生错误的时候，可以直接作为案例进行相关教学，激发学生的自主探究的意识。

（三）促进学生的反思能力

教师可以利用学生的典型错误，抓住机会让学生自己反思，进而得到正确答案。

（四）优化对学生的学习评价

教师可以合理地利用“错误”。从“错误”的本质出发，“错误”其实是学生认真思考的见证，要肯定学生的“错误”并加以积极利用。

（五）培养学生健全的人格

教师在纠错的过程中，承认“错误”的合理性，宽容对待学生的数学错误，鼓励学生积极思考，会让学生不因为惧怕错误而拒绝尝试，这对培养学生健全的人格有积极的促进作用。

（六）促进师生关系的和谐

教师尝试接受学生的数学错误，这可以使在各方面经常遭受挫折的中职学生感到亲切，会从心里接受教师。这可以促进师生关系和谐。

三、数学常见"错误"类型与分析

第一,概念实质模糊或原理混淆型。

纠错策略:熟记概念,建立知识网络,形成概念一体化的有机体;避免死记硬背,提倡对于知识应该是先理解,再记忆及应用。

第二,推理无据、滥用法则型。

纠错策略:教师可以把多种解法同时呈现,让学生加以比较与辨别,让学生学会在比较中增长知识,增强学生解决问题时的严谨性,培养思维的批判性。

第三,循环论证或臆造定理型。

纠错策略:臆造定理其实是学生判断无据或者说判断失误,也可以说对于知识的本质理解欠佳,学生以日常概念代替了科学概念,教师在平时的教学中要鼓励学生合理而大胆地进行猜想,对学生猜想的正、误都应该提倡并且予以鼓励,错误的猜想可以成为正确猜想的先导,这样的猜想有利于培养学生的学习热情。

第四,忽视约束条件中的隐含条件型。

纠错策略:人的正确认识往往是从错误开始的,然后转向真理,我们有理由相信,要让学生相信真理,仅仅说出真理是不够的,还必须找到从错误到真理的道路。我们在进行章节复习或者是期末复习时,经常把一些容易出错的题目进行统计归类,让学生练习,给学生提供犯错和改错的机会,让学生经历从错误到正确的认识过程。

第五,不理解定理、公式的适用范围型。

纠错策略:学生对于定理一知半解,没有明确定理应用的条件,或者忽略了题目所给的条件。错误是学生思维的真实反映,有时包含某种合理的成分,甚至蕴含着宝贵的亮点,可以反射出学生智慧的光芒,教师如果借助这一个教学契机会取得意想不到的结果。

第六,以偏概全、解题考虑不周型。

纠错策略:先让学生自己认真读题,想一想要注意的知识点,师生再进行讨论,从而找到解决问题的关键。错误往往发生在事物的转折之处,学生每遇到一次错误,就增加一次打破和超越已有经验的机会。课堂上“错误”资源因学生而起,讨论因错误而起。这就要求中职数学教师要意识到学生不断犯错的过程,其实就是学生不断改正错误、不断完善方法的过程。教师要抓住和利用这一契机,让学生在纠正错误的过程中,自主地发现问题、解决问题,深化对知识的理解和掌握。

第七,习惯性解题导致的错误。

纠错策略:中职的学生在计算上的错误很多都是习惯性的。要努力培养学生良好的习惯,如审题细致、做题谨慎等。

第八,心理性错误。

纠错策略:心理性错误主要是指学生虽然掌握了解决问题所必需的知识、技能,但由于某些心理上的原因而产生的解题错误。切忌思维定式而答题,题干分析要仔细,转化要周全;要深刻理解曾经的错误,不要重蹈覆辙,有必要在平时的复习中及时、深刻、全面地纠错,真正做到从学生中来,到学生中去,全面有效地提高学生的课堂学习效率。

四、捕捉数学“错误”资源的方法

“错误”资源就是指师生在认知过程中学生发生偏差或失误,并通过双边互动,在集体“识错”“思错”“纠错”过程中生成的课程资源。对教师而言,如何去捕捉数学“错误”资源呢?

(一)在倾听中发现,培养学生发现意识

随着中职数学课堂教学模式多样化,学生参与、质疑、讨论、争论甚至反驳的机会越来越多,随之出现在课堂中教师获得的信息量大增,这其中有正确的,也会有错误的,这就需要中职数学教师学会倾听和辨识,教师应该成为学生的忠实听众。

首先,教师要学会倾听并收集学生的话语,能够在倾听中捕捉学生的错误因素,把学生的错误因素看做是学生的思维火花。其次,教师在倾听和收集的过程中,要通过“错误”信息判断出学生困难的焦点,换位思考,努力从学生发生错误的角度去解理解学生,真正了解学生所犯错误背后的学习障碍和蕴含的思维方式,这样有利于培养学生在倾听中的发现意识。

(二)在比较中选择,培养学生创新思维

在课堂上,信息的存在是多样的,其容量是丰富的,而错误信息本身也存在着重要和次要、有用和无用之分,这就需要我们教师在众多的错误信息中通过比较、判断、选择出有价值的信息作为教学的资源。在课堂信息的选择过程中,我们要有敏锐的判断能力,特别关注那些典型的“错误”资源,抓住时机推动课堂教学动态生成。

有时候学生的错误一出现,教师就需要马上判断出哪些是有用的错误,对课堂教学的生成有促进作用,哪些是低级错误,可以忽略。正确而快速地选择典型、有用的“错误”资源,能使学生在接下来的学习中兴趣盎然;有效地利用学生的“错误”资源,有时候会有效地诱发学生学习的动力,有利于提高学生的创新思维,有利于拓宽学生的解题思路。

(三)在引导中纠错,培养学生学习兴趣

中职数学教师利用学生学习中出现的错误,给学生预设自主探究的问题情景,让学生在纠正错误的过程中,自主地发现问题、解决问题,这是培养学生学习数学兴趣的有效途径。

中职学生在数学学习中出现的错误,是在学生的学习活动中产生的,它本身就是一种具有特殊作用的教育资源。因为中职学生的数学错误来自学生,所以贴近学生,这就要求教师在教学时回到学生的学习活动中。只要合理利用数学错误这样一种教学资源,势必能够促进学生情感的发展。这对于激发学生学习数学的兴趣,对于唤起学生的求知欲,都具有不可低估的作用。

笔者在教学中使用“开绿灯”的方式对待学生的错误。如错了欢迎重答,

答得不完整欢迎再想，不同意见的题目欢迎争论。这盏“绿灯”切实保护了学生脆弱的自尊心，充分尊重了学生的人格。所以，学生在这样的课堂上就会比较放松，就不会有因为答错题而被老师责怪的担心，也应该不会出现被同学笑话的烦恼。学生在轻松的气氛中学习，这样学生的思维才会活跃起来，学生才会敢说而不乱说、敢做而不瞎做、敢问而不害羞，勇于大胆发表自己的见解，以健康、积极的情感态度去对待学习，真正体会到学习数学的乐趣，师生的关系会非常融洽。

五、数学“错误”资源利用展望

学生学习过程中产生的错误认知，若教师“谈错色变”，那是因为老师只看到了知识错误的消极方面。事实上，错误是一种经历。中职数学教师如果过度防错、避错，缺乏对学生错误的容纳，会大大减少学生扩展知识范围的机会，对于学生提高认知的能力是一种障碍。部分中职数学教师已经清楚认识到这一点，不再一味批评与指责学生的错误，而是抓住这一宝贵时机，巧妙引导，合理利用。

部分中职学生缺乏良好的数学学习习惯，数学语言表达能力较低，听课集中精力的时间较短，缺少良好的学习方法和技巧，对于公式、定义、定理等均采用形象记忆的方法，没有真正理解消化，上课时思维呆板，跟不上教师的教学思路，在学习时遇到困难不愿意请教数学教师或同学，最终造成厌学的局面。

中职学校的数学教师，为了达成教书育人的目标，要在数学教学中转变教学观念，让数学课堂成为既教书又育人的阵地。要了解中职学生的真实情况，正确对待中职学生的学习心理，认真分析学生在学习数学时造成学习困难的原因，允许他们在学习中犯错甚至反复犯错。教师还要创造条件，让学生体验到学习的成功感，体会学习数学的乐趣，在教学中尽可能调整某些教学要求，使学生从现有的知识发展区走进最近的知识发展区，促使教与学相互适应与统一，克服用自己的思维和认知来代替学生的思维和认知，多从中职学生的角度考虑，尽可能提高中职数学课堂的抬头率，让学生感受学习有用的数学。

今天对于"错误"的应用或者研究只是其中的一部分。中职数学教师要不断调整自己的心态,不断提高自己的数学素养和教学素养,要掌握本专业的知识结构、教学内容、目标要求等,要了解知识各部分的来龙去脉以及和实践相结合的情况,考虑如何更好地应用于实践,才能真正适应学生的实际情况,打造出高效的中职数学课堂。

教学情境创设策略

——以数学教学为例

新课程改革以来，新课程理念下的教学发生了巨大变化，情境教学成为新课程改革下的一种有效的教学模式。不可否认，情境的创设，使得枯燥的数学课堂气氛活跃了，学生学习数学的热情高涨了。本部分以中职数学教学为例，就教学情境创设的策略加以探究①。

一、中职数学课堂情境创设的缺点

虽然，情境的创设明显可以引起学生的兴趣，但存在一些问题，如过滥、过度的情境充斥着数学课堂，缺乏“度”的限制，失之过滥，创设情境的方式教条、目的不纯，缺乏“效”的要求，流于形式。

（一）刻意创设，忽视目的性

某教师在讲授“圆的标准方程”时，课前播放音乐电视《你看你看月亮的脸》，吸引学生的注意力，渲染课堂的氛围。学生沉浸在动听、好看的音乐电视欣赏中。教师问：“同学们，刚刚看到视频中的月亮是什么形状？”学生齐声答：“圆的。”教师说：“对，这节课我们学习的知识就是

① 周丹.中职数学情境创设的现状分析与实践研究[J].科学与信息化，2016(30)：78-83.收入本书时有较大改动。

关于圆——圆的标准方程。”

从上述案例中，我们看到约两分钟的视频播放只为学生看到圆月而想到圆形，进而由圆形的月亮到本课主题——圆的标准方程，过渡生硬，且情境导入没有自然地将所学知识在情境中融会贯通，后面新课的讲授又回到原来传统的教学模式中。

中职数学课堂中情境的创设，多被用作新课前的导入使用，借助影像、音乐等媒体，创设与教学内容相关的情境，通过氛围的渲染，激发学生的好奇心。但是，单纯为了引入而创设的情境，很难将预设的情境与教学内容很好地结合起来，只能激发学生的好奇心，而不能对大脑中枢的兴奋点进行持续的刺激，很难使学生对学习焦点的变化做出反应。可以说，这种情境仅仅是注重了形式，而忽视了情境创设的目的性。

（二）喧宾夺主，忽视数学本质

教师在讲解双曲线性质时，为了让学生理解双曲线与其渐近线的关系，播放音乐电视《悲伤的双曲线》，学生边听边看。学生随着旋律哼唱："如果我是双曲线，你就是那渐近线；如果我是反比例函数，你就是那坐标轴。虽然我们有缘，能够生在同一个平面，然而我们又无缘，漫漫长路无交点。为何看不见？等式成立要条件。难道正如书上说的，无限接近不能达到。为何看不见？明月也有阴晴圆缺，此事古难全，但愿千里共婵娟。"学生摇头吟诵："但愿人长久，千里共婵娟。"

教师运用了视频，但其真正的目的并没有达到，学生的注意力并没有去体会双曲线和渐近线的关系，数学课仿佛变成音乐课、语文课。情境的创设可以活跃课堂氛围，增强教学的观赏效果，但是，像上面这样开展的情境教学，有一种生拉硬拽的感觉，学生只注意形式，教学内容被忽视了，教学效果适得其反。

（三）方式教条，忽视学生主体性

教师教学"用频率估计概率"，课前先将学生分为6组，每组5人，并任命小组长，布置好任务。学生抛掷硬币，每人抛掷10次，每组共计抛掷硬币50次。小组长负责统计自己组内的“正面朝上”的次数(即频数)，计算“正面朝上”的频率并且上报：

组长1：频率为0.51。

组长2：频率为0.49。

组长3：频率为0.53。

组长4：频率为0.47。

组长5：频率为0.50。

组长6：频率为0.48。

情境教学很流行，特别在公开课中，大多是教师预先创设安排好的，就连问题情境中的题目教师都提前告知学生，甚至安排好回答问题的学生名单。组长们的回答都万无一失，“顺其自然”，估计出抛掷一枚硬币时“正面朝上”的概率为二分之一，这是教师在公开课时最希望得到的答案。在这样的情境中，学生就像是演员一样，按照事先拿到的剧本，按部就班地演戏，只能不自觉地去感受情境氛围，影响了学生主动参与的积极性，等于间接否认了学生的主体性。

二、中职数学课堂情境创设的策略

笔者针对中职生的认知特点，对中职数学课堂情境教学进行了实践，概述如下。

(一)立足真实性与实用性，提高情境的针对性

建构主义的教学观强调，用真实的情境呈现问题，营造问题解决的环境，以帮助学生在解决问题的过程中活化知识，变事实性知识为解决问题的工具，从而完成对知识的构建及对原有知识的改造和重组。要准确把握教学内容与生活的联系，创设具有真实性和实用性的教学情境，让学生能够真切感受学习内容与生活的联系。

如教学“排列组合的应用”,可以围绕学生的学习情感与体验来组织教学,创设“运动会入场式服装搭配”“接力赛参赛方案”“食堂就餐”等一系列的情境,内容贴近学生生活实际,学生真切体会数学的应用价值,不仅能够探索到相关知识,更能够获得积极的情感体验。

利用身边的课程资源,接近学生的经验,这样创设的情境有亲切感,可以充分地调动学生的内在积极因素。

教学“等比数列前n项和”,教师先讲故事:“猪八戒打算创业,决定向大师兄孙悟空借钱100万。孙悟空答应借钱给猪八戒,但有条件:第一天还2元,第二天还4元,第三天还8元……连续还款一个月。”

教师再组织学生讨论:“猪八戒能不能答应孙悟空的条件呢?”

此问一出,立即引起学生的极大兴趣。学生通过观察讨论,得出每天的还款数构成一个首项为2、公比为2的等比数列,要想确定总还款额,就要求出这个等比数列的前30项的和。是否同意向孙悟空借钱,关键在于30天后还款总额与100万元的比较结果。

学生带着对等比数列前n项和的求知欲望,进行下一环节的学习,并在学习公式后有针对性地解决借款问题,前后呼应,问题情境贯穿整节课的始终。

通过创设有趣的情境,引起学生的认知与事实冲突,诱发其求知的热情及浓厚的兴趣,激发思维的积极性,增强再发现的内驱力。这样的情境较贴近学生实际,有较强的亲和力,活跃了课堂气氛,从而取得了较好的教学效果。

(二)坚持可操作性,多动手,提升感知情境能力

数学课程标准指出,有效的数学学习活动不能单纯地依赖模仿与记忆,动手实践、自主探索与合作交流是学生学习数学的重要方式。中职学生理性思维不够,但动手操作的能力较强,针对这一特点,可适当地创设让学生动手感知数学的情境,吸引学生的注意力,激发学生的兴趣,满足学生感知的需要,培

养学生的综合能力。

教学“圆柱”,教师布置课前作业,让学生自己动手制作圆柱。学生在自己动手制作圆柱的过程中,真切体会旋转体的形成。

“同学们是怎样做成圆柱的呢?”

“用一个矩形卷成筒状,就形成了一个圆柱。”

“可见,圆柱的侧面展开图是什么图形?”

“矩形。”

“由多个大小相同的圆形卡片叠加在一起,形成了一个圆柱。”

“想法很好!这样一来,圆柱的体积的求法是什么?”

“底面积乘以高。”

学生通过自己动手制作可体会并感知:圆柱的侧面是一个矩形;圆柱可由相同大小的圆面叠加而成,体积可由底面积乘高而得。对于圆柱的侧面积公式和体积公式,学生不需要死记硬背,通过理解记忆,可轻松解答求圆柱侧面积和体积的相关问题。

从平常处生疑,向细微处问难,学生在自己动手操作的同时,打破了沉寂的思维,激起了思维的浪花,提高了学习的效率。学生通过自主探索参与学习过程,亲身经历知识产生和发展的过程,在获得数学理解的同时,促使其实践能力和解决问题能力的发展。

(三)注重开放性与探索性,激发学生参与的热情

人的心灵深处,有一种根深蒂固的需要,就是希望自己是一个开发者、研究者、探索者。情境创设也要有探索性,可以引导学生观察,鼓励学生多角度思考。

教学“二次函数的应用”,教师可以借助“QQ升级”,让学生们扮演“侦探”角色,破解“QQ升级”中的“陷阱”。

教师先给出大家熟悉的QQ等级图标和等级在线时长一览表,学生观看图标,兴奋不已。

教师问:"腾讯公司规定:每天挂机2小时以上算一天,得到一个太阳需多少小时? 若网吧收费标准为每小时2元,则得到一个太阳需多少钱?"

学生热烈讨论,对感兴趣的问题进行思考,顺利进入下一个教学环节。此时教师的引导符合学生的心理需要,使得听课与讨论更有意义。"小侦探们"经过主动探索、分析问题、解决问题,增强了其用数学的意识。

恰当地创设情境,可引导学生更好地完成学习任务。学生在模拟的条件下尝试着利用所学的知识去分析问题,进而解决问题,体会问题解决的过程,这样的情境较贴近学生实际,有较强的亲和力,活跃了课堂气氛,可以取得较好的教学效果。

(四)借助微课与信息化教学,调动学习积极性

现代教育技术手段使得课堂上的信息来源变得丰富多彩,微课、动画和各种教学软件的使用极大地丰富了课堂,充分调动了学生的多种感官,为学生学习提供了良好的情境。

教学"随机事件的概率",教师播放《随机事件》微课视频,学生观看视频,感受生活中的确定事件和随机事件。

教师播放《等可能性事件的概率》微课视频,学生观看视频,思考抛掷一枚硬币可能发生的所有的情况,体会"所有的"和"想要的"的情况。

这样,可以改变教师的"满堂灌"和"一言堂",借助微课中诙谐的语言和精彩的画面,将信息传递给学生,学生乐于接受。

三、中职数学课堂情境创设的建议

第一,科学适度。

中职数学课堂中要科学适度地进行情境创设,防止出现"唯情境论"倾向。要结合新时代背景下中职学生的生活实际、认知发展水平和已有的经验基础,

进行有针对性、有目的性的情境创设，避免学生思维混乱，盲目应付。

第二，依据内容。

情境创设的目的是为课堂教学服务，所以，既要摒弃华而不实的情境，又要远离为创设情境而创设情境的歧途。要根据具体的教学内容灵活变换方式，但并不是脱离情境数学就脱离生活了，有些不适合创设情境的内容可采取开门见山或复习旧知的方式。

第三，尊重规律。

情境创设要尊重学生的认知规律，在学生的“最近发展区”内设置问题，让学生可以“跳一跳，够得着”，通过产生怀疑，进行一定深度的思考。学生基于自己的经验背景，对原有的知识进行重新建构和进一步解释，使知识发生迁移，这样可以有效地促进学生对新知识的建构。

第四，立足专业。

数学知识与专业研究是相通的，前者是基础，后者是更深的实践，二者相得益彰，故应让数学知识与专业背景进行有机的融合。教师应熟悉数学课与专业课的交叉点，从中职学生所学专业的特点出发创设情境，在数学课中渗透专业知识，使学生受益终身。

总之，科学合理地创设出符合学生内在发展需要的情境，要以学生的生活经验为基础，以激发学生的积极性为前提，以现代教育技术为辅助，以提高教学效率为目的，中职数学课堂才会因“情境”而更精彩。

课堂教学观察策略

——以体育教学为例

课堂观察，顾名思义，就是通过观察，对课堂的运行状况进行记录、分析和研究，并在此基础上谋求学生课堂学习的改善，促进教师发展的专业活动。换句话说，课堂观察就是指研究者或观察者带着明确的目的，凭借自身感官（如眼、耳等）以及有关辅助工具（如观察表、录音录像设备等），直接或间接（主要是直接）从课堂情境中收集资料，并依据资料做相应研究的一种教育科学研究方法。本部分以体育教学为例，对课堂教学观察的策略加以研究①。

一、课堂观察方案的制定

活动计划主要包括活动指导思想、活动主题、活动重点、活动措施与活动要求等。完成这项工作的目的是使我们的教研活动有序开展，有章可循，因此要尽量详细合理。

活动方案是活动计划的具体落实，其重要性毋庸置疑。笔者结合教学的实际情况，整理下面一些表格（见表1至表4），供大家参考使用。

① 孙英俊，罗利娟．课堂观察：年轻体育教师专业成长的有效途径[J]．中国学校体育，2010(7)：64-65．收入本书时有较大改动。

表1 2009—2010学年第一学期课堂观察校本教研活动计划

指导思想	以新的课程标准为依据,以学校教科室计划为指导,抓住机遇,不断学习体育理论知识,提高教师素质,并将教研工作不断落到实处
教研主题	提高体育与健康课堂教学质量
教研重点	加强理论学习,提高专业理论水平,增强以科学教育理论指导教育实践的意识和能力;做好教研活动,认真做好教研纪录,加强观察的实效性,要做到不流于形式
要求与措施	1.每月学习一篇教育理论或专题研究文章。通过集中和分散的形式进行学习,要求读、议、说、听、评相结合 2.每位教师每学期听20节课,写1篇教学反思 3.制订好学期教学计划、周计划安排表 4.继续抓好备课关("五备") 5.每月写1篇教学案例,组织1次听评课活动 6.每月上1节课堂观察公开课,写1篇观察总结或反思文章 7.提倡教师随时记录上报平时的教育疑点、教育经验等,纳入教研内容(教师提供纳入教研的内容,根据数量多少,记入期末考评)

表2 2009—2010学年第一学期课堂观察校本教研活动具体安排

活动安排	内容	形式	地点	备注
2009年9月	制订计划;体育课堂观察理论学习	集中	体育组	
2009年10月	教学设计:课堂导入设计	集中	体育组 田径场	示范课
2009年11月	教法:讲解技巧与示范动作规范	集中	体育组 田径场	示范课
2009年12月	组织课堂与教法	集中	体育组 田径场	示范课
2010年1月	导入、讲解技巧与示范	集中	体育组 田径场	示范课 总结分析

表3 教师课堂教学导入观察

导入内容	导入动机	导入方式	导入效果
备注：			

表4 教师教学内容、情境预设与目标达成的有效性观察

<table>
<tr><th colspan="2" rowspan="3">教学进程</th><th rowspan="3">所用时间</th><th rowspan="3">增加资源</th><th colspan="3">情境的预设</th></tr>
<tr><th rowspan="2">预设情境内容或问题</th><th colspan="2">目标达成的有效性</th></tr>
<tr><th>情境呈现形式</th><th>预设情境的目的</th></tr>
<tr><td>导入</td><td>游戏</td><td></td><td></td><td></td><td></td><td></td></tr>
<tr><td rowspan="3">课中</td><td>复习</td><td></td><td></td><td></td><td></td><td></td></tr>
<tr><td>拓展</td><td></td><td></td><td></td><td></td><td></td></tr>
<tr><td>展示与评价</td><td></td><td></td><td></td><td></td><td></td></tr>
<tr><td>总结</td><td>放松操</td><td></td><td></td><td></td><td></td><td></td></tr>
<tr><td colspan="7">观察者评价：</td></tr>
</table>

二、课堂观察活动的开展

体育课堂教学观察过程分为课前会议、课中观察和课后会议。

课前会议包括执教者的说课、观察者的修改意见和观察点、任务的分配等。

课中观察包括各种观察量表的记录。

课后会议包括执教者的教学反思、观察者的观察与分析报告、主持者的总结分析报告等。

三、课堂观察活动的建议

(一)课堂观察首先要提高参与教师的认识

参与教研活动有收获的前提是:教师要清楚教研不是额外工作。在参与教研的过程中有老师埋怨这是给老师增加负担,是多余的事。笔者不认同这个观点。说这样话的老师应该是对校本教研有误解,或者说对校本教研功能的认识不够。校本教研给我们带来的是贴近教学一线实践的知识和方法或者问题的解决措施,这种形式是教师快速提高自己教学能力的有效捷径。所以,要抛弃校本教研是额外负担的思想,积极参与校本教研活动。学校相关部门要加大校本教研的宣传力度,切实做好组织活动。

(二)课堂观察点设置要有重点

参与课堂观察的经历让笔者认识到,课堂观察不能眉毛胡子一把抓,要挑选一个或数个重点去观察。要根据授课教师成长过程的情况有目的地去选择,如课堂导入环节、课堂活动组织环节等,只有这样,课堂观察结果才具有指导性,才能更好地发挥其观察的功能。

(三)设计课堂观察记录表要从实际出发

观察记录表是观察记录的载体,是引导教师进行观察的导航。设计者要做好设计,要了解与掌握观察的任务和重点,掌握观察的评价指标等,不可随便上网找些表格使用。

(四)课堂观察需要建立激励制度

虽然体育课堂观察是一种教研活动形式,但需要有一个有效的激励制度促使教师积极参与。这需要校领导来解决,这样才能收到较好的效果。反之,仅仅依靠教师的自制力,短期内没什么问题,时间一长就会出现敷衍了事的倾向。

(五)专业成长不仅仅是年轻教师的事

笔者通过参与课堂观察活动,感觉到专业成长不仅仅是年轻体育教师的事,而是全体体育教师都要面对的事。有些体育教师十几年下来,积累了许多教学经验和教学策略,认为自己不再需要在专业成长上花费精力了,其实这是错误的想法。笔者认为,专业成长是一条没有终点的路,只要你做老师一天,就要在这上面花费一定的时间和精力。

生活化教学选材策略

——以幼儿心理学教学为例

课堂教学效率是实际的教学效果与应有的教学效果的比值。在新课程背景下，提高课堂教学效率，教师要做的有很多，巧妙选用教学素材是其中关键一环。课堂教学千变万化，教学素材更是品种繁多。在教学的过程中，善于从身边发现素材、活用素材，并将素材灵活运用于教学设计中，使教学更注重知识的运用，而不是仅仅进行理论的识记与背诵。本部分以幼儿心理学教学为例，探究如何在生活化教学中合理选取教学素材①。

一、取于生活

选取来源于日常生活的教学素材，能够激发学生的学习兴趣，有助于学生深入了解幼儿身心发展特点、规律，并采用相应的教学手段和方式，利用幼儿心理学知识解决生活实际问题。

在幼儿想象的教学中，笔者给出一些幼儿事例，让学生尝试归纳幼儿想象的特点。

---

① 廖晓丽.中职学前教育专业生活化教学法的素材选取——以幼儿心理学教学为例[J].教育界，2018(36):140-141.收入本书时有较大改动。

案例一

文文在童装店的橱窗里看到了一顶漂亮的帽子，她非常喜欢。可是，妈妈说没有带钱不能买。乖巧的文文依依不舍地看着那顶帽子，一步三回头地跟着妈妈回家了。可是她每天都想着那顶帽子。有一天，文文看到动画片里的小女孩戴着一顶同样的帽子，就兴奋地告诉其他小朋友："快看，快看，那顶漂亮的帽子是我的！"

案例二

中班的瑶瑶非常喜欢画画。有一天，她画了一个半圆形，自言自语："这是月亮。"可是，瑶瑶的话没有引起其他小朋友的注意。于是她在半圆下面画了一个方形，说："快看啊，我画了一个魔法盒，这个魔法盒真漂亮。"她对刚凑过来看的小朋友说："我家里有一个这样的魔法盒，是我妈妈送给我的。它可以变魔法，有一次它变成了一个小妹妹。下次我把我的魔法盒带到幼儿园来给你们看吧。"

案例三

幼儿："我家有一辆大大的玩具车。"

教师："多大啊？"

幼儿："那么大！"（用手臂围一个圈。）

阶段一：课堂初讨论。

同学们在观看了以上三个案例后，老师还没有开口，就传来好多议论："太搞笑了。""天真了，我的妹妹。""臭不要脸！"老师邀请几个同学谈谈看完这三个案例后对幼儿想法的评价，并根据同学们的讨论，总结了几个关键词：夸张、撒谎、魔幻、异想天开、做梦、不切实际等。

阶段二：课堂再讨论。

教师呈现表格（参见表1），请同学填写。

表1 现实的情况与幼儿的想法的比较

现实的情况	幼儿的想法
文文:没有那顶帽子	(这是我的帽子)
瑶瑶:没有魔法盒	(我家就有一个这样的魔法盒)
幼儿:普通的玩具车	(像手臂围成的圈那么大的汽车)

通过表格左右对比的形式,同学们很快认识到,在案例中,幼儿的言行与现实情况存在很大出入,整体呈现出想象与现实不相符的特点。这正是本节课的知识点。

阶段三:自我理解与心理规律的契合。

在阶段一,同学们初步讨论,得出一些关键词;在阶段二,同学们通过比较,发现了幼儿想象和现实之间不相符这一心理规律。可是,对同学们而言,知识仍然停留在表面层次,他们不能将自己所理解的幼儿的想象特点与老师表格所呈现的想象特点结合。这时候,老师出示表格(表2),请同学们看一看,表中的内容与课堂初讨论中他们自己的哪些观点相同或类似。

表2 现实的情况、幼儿的想法和观点的对比

现实的情况	幼儿的想法	观点的对比
文文:没有那顶帽子	(这是我的帽子)	撒谎、无中生有
瑶瑶:没有魔法盒	(我家就有一个这样的魔法盒)	魔幻、撒谎、不切实际
幼儿:普通的玩具车	(像手臂围成的圈那么大的汽车)	夸张、撒谎

经过前后对比、知识强化,同学们认识到,在阶段二得出的心理规律和阶段一同学们总结的幼儿言行特点是心理规律与活动表现的关系,即幼儿想象具有与现实不相符的心理规律,表现在日常生活中就会体现出“爱撒谎”“夸张”“异想天开”等言行。

从生活案例出发,以生活案例为引导,最后回到生活案例进行总结,在课堂知识呈现的过程中,学生获得自我判断的机会,教师下放知识的归纳总结权，让同学们由浅入深地了解知识点、分析知识点、提炼知识点。整个过程是有层次的，学生是有主动权的，整个课堂也是充满生机的，很好地完成了课堂教学目标。

二、巧借综艺

学生缺乏幼儿园教学的实际经验，教师也没有条件把幼儿园环境带进校园，如何解决这个切实存在的供需矛盾？在信息翻涌的当下，教师如何捕捉学生兴趣所在，选取师生易懂、能够引起共鸣的教学素材？在几次摸索之后，笔者巧妙借用当下卫视热播的亲子类节目，截取与教学内容有关的片段，适时放入教学设计中，使枯燥的理论教学得到较好的实际呈现。

在知识点“幼儿想象具有主题不稳定性”的教学中，如果按照传统的教学方式，教师先呈现知识点，举一些例子，学生做好笔记，然后让学生说说生活中类似的现象，再做几道情景分析题，让学生辨别。第一次上这一内容时，笔者就是这么上的。好学的同学认真做笔记，好像有所思。不认真的同学根本就当老师在念经，你说你的，他玩他的。

如何吸引学生的注意力？如何调动学生学习的积极性？这个难题摆在笔者的面前。一个偶然的机会，和学生在聊天的过程中谈到了自己的孩子，学生说：“老师，我想生女儿，像森碟那种风一样的女子。”森碟是谁？笔者立刻上网搜索，观看了热门的亲子综艺节目《爸爸去哪儿》，几集看下来，不仅深深被里面不同性格的孩子所吸引，更从节目中获得了如何上好这一课的灵感。在幼儿心理学教学过程中，我们最缺的就是活生生的、不加修饰的当下幼儿的行为表现，如今有了这一档亲子节目，各种幼儿行为表现不就随处可得了？我迫不及待将每一期节目都快速浏览了一遍，并将可用的视频片段用视频软件剪辑好备用。再上“幼儿想象具有主题不稳定性”这一课时，笔者选取了若干片段来搭建理论和实践的桥梁，将抽象的想象主题不稳定的心理特点变成具象的幼儿行为表现。笔者巧妙地借用《爸爸去哪儿》中石头父子玩皮影戏的一段对话予以呈现：

郭涛:“来者何人?”

石头:“我不是来者何人。你才是。”

郭涛:“我是郭大侠。”

石头:“我是石大侠。”(爬墙)

郭涛:(汗……)“我也会。哎,你为什么打我?”

画外音:乒乒乓乓……

第一阶段:学生说。

先请同学们观看《皮影戏》的视频,请同学们在欢快之余说一说这对父子的对话有什么特点。学生反映:“牛头不对马嘴。”“风马牛不相及。”(你说你的,我说我的,一会儿说东,一会儿说西,这正是本节课知识点的言行表现。)虽然同学们已经一语中的,但此时笔者并没有立刻进行知识总结,而是紧接着又呈现了另一个画面:

Angle、森碟和石头在农民爷爷的菜园里摘菜,石头拿着新摘来的葫芦,一会儿表演枪弹设计,一会儿又扮演昆虫大战,两个小女孩怎么也跟不上他的节奏。

同学们看完以后再次总结石头的言行特点:疯、乱、天马行空。(除了言语具有不稳定的特点之外,行为也具有明显的表现。)

第二阶段:自我感受。

两个不到五分钟的小视频,瞬间将本堂课重要的知识点展示在学生面前,带来直接的视觉感受。通过真实的幼儿行为表现,让学生自己感受到幼儿心理与成人心理的不同,在辅以其他教学资料后,学生能归纳出“幼儿想象主题不稳定”这一知识点。

在知识点“幼儿的道德行为具有矛盾性”的教学中,笔者截取《爸爸去哪儿》中夏天和大竣共同保卫冰激凌的视频片段,能让没有幼儿园经历的高中生在视频观看过程中学会观察幼儿社会行为、分析幼儿心理特点。

在执行“保卫冰激凌”的任务中,幼儿行为有变化:

接到“保护冰激凌”的任务时,对村长承诺:一定保护好冰激凌,不让任何人吃冰激凌以及糖果，包括自己。

面对他人的诱惑：逐渐放弃承诺，和外来个体一起品尝美味的冰激凌。

从这个案例可以发现，幼儿的语言和行为有极为不同的表现，完美地再现了幼儿在道德判断过程中具有“言行不一”矛盾性的特点。原本枯燥、复杂、深奥的心理学知识，通过短短几分钟几个孩子的玩耍，就讲透了。

很多优秀的教师曾经说过，对于那些抽象的、不易理解的理论和知识点，如果只是在教学中把结论“讲”给学生听，没有理解作为支撑，是毫无意义的。可是如何让学生理解，用什么教学素材，用什么教学方法，都是需要教师自己摸索的。在幼儿心理学的教学过程中，巧借视频影像资料提供的幼儿生活故事，能为教师提供最贴合理论教学的素材，也为学生展现了幼儿真实的行为表现。

三、以旧换新

学生的已有知识是教学素材的巨大“宝库”。在教学设计中，教师可从学生的认知基础出发，发挥学生元认知的潜在价值，引发学生深层次的思考。在幼儿心理学的教学过程里，教师应当把书本中枯燥的理论知识和生活中幼儿的实际表现进行整合后再给学生讲解，特别是要让学生牢记“幼儿的教育教学活动要遵循幼儿身心发展规律”这一教学宗旨。

在幼儿心理学的教学过程中，每个单元的知识点都是零散的、点状的，学生在一个学期的学习过程中往往能够掌握单一的知识点却无法将各个知识点串联起来运用于实际案例分析中。教师要做的就是呈现各种生活中的实际案例，让学生学会观察幼儿行为表现并找出行为背后的心理特点。

皮皮是一个调皮的小男孩，刚学会走路就喜欢到处找东西玩。今天摔了杯子，明天碰了桌子。奶奶既心疼又生气，所以每天管得紧紧的，这也不准，那也不让，终于皮皮变得安静了。

给学生一定的思考空间，不限定思考方向，仅从已学的幼儿心理学知识出发，进行头脑风暴，进行多角度分析，给出合理的解释，在激烈的探讨过程中，教师采取“不灌输”“多肯定”的教学模式，让学生掌握课堂知识学习和巩固的主动权。学生最后的答案是丰富多彩的：

知识点1：幼儿用手探索世界。

知识点2：0—2岁幼儿思维的发展离不开动作。

知识点3：幼儿深度知觉的发展需要爬行动作的促进。

…………

在这个教学案例中，学生往往能看到生活的影子——真实、可信。当学习了幼儿心理学知识之后，学生需要掌握的是去分析、去评价、去影响，而这其中关键的便是要找到“幼儿行为背后的心理发展特点”，要尝试提出“改进幼儿教育教学行为”，要符合“幼儿身心发展规律”，从而促进“幼儿健康成长”。

信息技术应用策略

——以音乐和体育教学为例

在素质教育不断深入的今天，传统的教学方式难以满足素质教育的要求，如何运用信息技术解决教学实践中面临的难题，已成为教学改革的关键。其中的多媒体教学已经被广大教师运用到教育领域，但运用的策略与效果是不同的。本部分分别对音乐[①]和体育[②]教学中运用信息技术的策略尤其是运用多媒体技术的策略加以探讨。

一、信息技术概述

信息技术是指以计算机为核心，以数字技术为基础，融合通讯传播技术，实现信息的采集、整理、存贮、传递、处理、查询、显示、分析和利用等的技术。现代信息技术能对语音、图像、视频、动画等信息进行数字化技术处理，使多媒体信息具有多样性、交互性、集成性等特征，并能将采集、整理的信息以图文并茂、声像融合、生动逼真的形式呈现。计算机网络技术的飞速发展，使不同区域的计算机之间实现信息资源的共享，特别是大数据的出现，加速了信息的获取与传播，为广大教育工作者利用网络查找资料提供了便捷。

① 郑书超．中职学前教育专业音乐多媒体教学的实践研究[J]．现代职业教育，2017(32)：107-109．收入本书时有较大改动。

② 欧阳中香．体育教学中信息技术应用的研究与实践[J]．中国教工，2019(4)：269-271．收入本书时有较大改动。

信息技术特点如下:

第一,便捷性。

随着手持信息设备的发展,特别是智能手机的出现,使得声音、图像和视频等信息采集都能利用手机的录音、拍照、录像功能完成,并自动生成数字化信息,通过网络直接发给信息需求者,因此现代信息技术使信息采集更加便捷。同时,手机微信、QQ等通信软件和4G网络的出现,使得师生之间、学生之间可以通过手机进行文字、录音、图像和课件等信息的传递,使得数字化教学资源等信息的传递更加便捷。

第二,共享性。

传统信息多存储为纸质资料,只能通过借阅的方式查找信息,难以实现信息的共享。现代信息技术以计算机为核心,将信息以文本、图像、视频等数字化信息的形式存储在计算机中,可以通过拷贝的形式实现信息的共享。同时,随着互联网技术的发展,特别是大数据、搜索引擎的出现,用户可以将数字化资源存储在网络服务器中,不同区域的用户可以利用互联网快速查询下载所需信息资源,使得信息共享不受地域限制,大大提高了信息的共享性。

第三,可处理性。

过去采集的声音、图像、视频等信息存储在磁带、胶片等介质中,对其进行剪辑处理难度非常大。如今采集的信息均以数字化形式存储于计算机中,随着多媒体技术的发展,出现了各种多媒体信息处理软件,使得普通计算机使用者也能对各种多媒体信息进行美化、剪辑、合成等后期处理,提高了信息的处理效率。

第四,集成控制性。

信息集成控制能够显著增加学生获取的信息量,更加充分地分化课程信息的繁杂程度,具体讲就是可以简化信息在学生头脑当中由具体到概括,又从概括至具体的变化程序。和电视相比,多媒体的运用比较简便,这也是信息集成控制的特点。例如,在音乐欣赏课中,老师可以把相关的赏析材料包括图片、文字、影视、音频等制作成精美的课件,方便学生更好地理解作品、欣赏作品。关键在于,这样不仅比电视有更好的视觉效果,也就是“好看”,还拥有比较好的信息灵活展示的随机控制能力,也就是“好用”。

第五,智能交互性。

交互是多媒体教学最大的特点,也是其优越性的表现。交互主要的功能是为教师的教学节约时间、降低工作强度、拓展教学内容以及提高教学表现力等等。交互这个特征,对教改过程中素质教育的训练、技术能力的培训甚至创新意识的养成具有积极作用。

二、信息技术在音乐教学中的运用

(一)信息技术在声乐课教学中的运用

第一,弥补授课途径。

多媒体教学为扩大招生之后的声乐集体课给出了有效的授课途径。以前的声乐课程大部分需要一个一个地进行,会耗费大量的课时。多媒体技术的运用,能够让同一水平的学生在同一时间学习一个乐曲的相关内容,可为声乐课创造大量欣赏与练习的机会。

第二,弥补直观教学。

运用多媒体技术对学生声音进行分析,使声音能够看得见,从而使声乐教学直观化。以分析波形文件为参照,提高学生对声音的认识和客观评价能力,再配以老师的教学讲解,如,声音“靠前一点”“争取亮一点”,同时进行波形对比分析。电脑屏幕上显示的波形状态是未进入状态前的声音,振动不明显,声响力度弱,进入状态后的波形振动明显且有规则,声响力度较强。通过对这两条直观的波形状态分析,学生能够认识、感受到歌唱状态下身体的运动状态,明白身体各部分的机能协作,从而加强歌唱状态的记忆。巩固此状态,学生就由对原来歌唱状态的感性认识发展到了理性认识,由抽象变为具体,抓住瞬间灵感,以获得较强的歌唱记忆。

第三,弥补自我判断。

传统声乐课几乎均为“盲演盲唱”,部分教室配有镜面,学生能够看到自身的表现,却无法从本质方面弥补不足。部分教室连镜子都没有,这就是“盲演盲唱”。学生在练习的时候出现的不足之处无法尽快找出,如一些肢体方面的不足之处,学生在练习的时候是无法感觉出来的。通过摄像头将学生练习时的情况进行摄录,并通过多媒体播放,大家能够直接看到自身的不足之处,课后不断查看,可以尽快改掉存在的问题,能够慢慢提升他们的演唱技能。

(二)信息技术在音乐欣赏课教学中的运用

在以往欣赏音乐的过程中,不管音乐对现实的表现如何逼真,怎样生动,怎样具有独创性,终究仅为听觉形象。学生生活的经验有限,各方面的知识能力发展还不完善,所以在音乐欣赏中往往难以对音乐展开适当的联想和想象。这时,教师就可以采用播放多媒体课件等形式去帮助学生、引导学生、启发学生,使他们展开想象的翅膀,遨游在音乐的多彩世界里。

例如,在欣赏古筝名曲《渔舟唱晚》时,可以根据乐曲乐段的进行依次配上精选的图片(图1)。

图1 古筝名曲《渔舟唱晚》三个画面

第一乐段音乐响起,呈现画面一:平静的湖面上,夕阳西下,劳作了一天的渔人满载而归。画面有远有近,好似渔舟由远处慢慢驶来。优美的音乐声中,水天一色的江南水乡,渔舟晚归的醉人景象,呈现在学生的面前,使他们一下就能感受到音乐所描绘的美。

第二乐段音乐响起,呈现画面二:水面碧波荡漾,渔民摇橹划桨,浪花飞溅,鱼虾满仓,渔民欢笑。水乡一派丰收的景象,使学生很容易就领略到音乐的动态美以及所表现出来的丰收的喜悦之情。

第三乐段音乐响起,呈现画面三:月色笼罩了湖面,宁静代替了喧闹。通过调焦距,使影像图片逐渐模糊,变实为虚。此时,音乐声渐渐变弱,直至最后一点水波涟漪在余音袅袅中消失，带给学生的是一种意犹未尽的感觉。

以上三幅画面在整首乐曲中依次呈现，勾画出一幅“渔舟唱晚”的美丽景象，使学生在生动的图画中感受音乐之美，在动静结合、虚实变化中张开想象的翅膀，拥有“情景交融”的深刻体会，拥有关于乐曲的充分感知，从而拓展了对生活的感悟。因此，声画结合，既加强了学生视觉形象的艺术效果，又充分激发了学生的遐想，大大发挥了音乐的积极功能。

（三）信息技术在音乐理论课中的运用

第一，在音程教学中的运用。

孤立的一个音是不能表现什么音乐思想的，只有音与音结合在一起，在一定的节奏和音色中，才能表现出一定的感情。所以，音程被认为是音乐表现的基本要素之一。音程教学强调音响的倾听效果，传统教学手段无法实现或表现得不够具体，特别在讲音程的扩大或缩小时，教师只能把原来的音程和扩大、缩小的音程在黑板上表示出来，告诉学生采用升高或降低冠音、根音的方法，然后在钢琴上弹一弹，看起来学生似乎掌握了理论知识，但在实际操作与运用上，学生难以辨别出来。运用多媒体技术，可以把原音程、扩大音程、缩小音程通过画面展示出来，并分别倾听它们的效果，把丰富的音响和强烈的直觉感受有力地结合起来，随时进行对比，很容易分辨出它们之间的关系，这样就可以扩大学生的思维空间，从而提高教学质量。

第二，在节奏教学中的运用。

节奏是音乐的骨架，是音乐赖以生存的基础。节奏可以脱离旋律而存在，旋律则不可能脱离节奏。我国民间的锣鼓，就是完全通过节奏去表现的。西洋乐器架子鼓，也是用节奏去表现音乐。但是，学生在学习这一知识点时往往是被动学，如讲切分节奏时，老师在讲完概念的基础上，说明切分节奏是为了改变音的强弱，再用旋律举一些例子进行说明，形式呆板、枯燥，效果不好。而多媒体辅助教学，能把实践与理论很好结合，在解释概念的基础上，调用Cakewalk 9.0里面的打击乐器，用定音鼓、钗钹来编写切分节奏音型，或为一段切分节奏的旋律进行伴奏，通过屏幕显示与播放。学生很快“看”出切分节奏的强弱关系，这样一来，课堂教学变得生动了，学生的感官得到了切实体会，实现了知识性和趣味性的交融。

三、信息技术在体育教学中的运用

（一）课前，运用信息技术共享自学资料

互联网时代是个信息资源共享的时代，每名上网用户都是信息资源的使用者，也是信息资源的创造者和发布者。受体育学科特点的影响，各学校没有统一的体育教材，教学内容也是教师根据教学大纲随机选择，没有固定的计划要求，缺乏学习资料，这就导致体育教学过于依赖课堂教学，学生难以进行自学预习。运用信息技术自编图文并茂的幻灯片课件和声像融合的微课视频，并将其分享到教师创建的微信公众号平台，可供学生课前自学体育知识和运动技能，为课堂教学做好准备。

2016年全国中职“创新杯”教师信息化教学设计和说课大赛一等奖作品《肩肘倒立》的教学流程分为课前部分和课堂教学部分，课前汤佳丽老师和学生交流，制定学习方案，和骨干学生一起录制视频，利用信息技术加工处理，制作微课，通过微信群和QQ群传给学生，让学生利用电脑或手机观看学习，并通过交流群与老师沟通学习中的疑问。这段微课的设计丰富了学生的自学资料，帮助其初步建立肩肘倒立的正确动作表象，了解动作的重难点以及易犯错误，并学习保护与帮助的方法，为课堂学习提供帮助，扫除障碍。

（二）课中，运用信息技术提高教学效率

在以往的体育教学中，动作的学习通过教师的讲解示范，手口相传。受体育教师自身运动技能、年龄和身体因素影响，不少动作示范不够规范，造成学生动作不规范。同时，遇到跳高、跳远等复杂而迅速的动作教学时，起跳、腾

空、落地等瞬间动作无法进行分解示范,学生难以通过观察形成正确的动作,难以快速掌握运动技能。利用信息技术制作多媒体教学课件,通过播放录制的示范视频,运用回放、慢速播放和暂停等视频播放技术,结合动作要领的讲解,可以让学生快速掌握正确的瞬间动作,提高体育教学效率。

> 《篮球行进间投篮》教学设计,在课堂教学中设计集体观看微视频环节,克服教师现场示范完整动作存在速度快、角度差等弊端。以右手投篮为例,当球在空中运行时,右脚向投篮方向跨出一大步,同时接球,这一难点动作可以通过微视频中的慢镜头、分解镜头等,清晰直观地呈现在学生眼前,让学生更好地理解掌握投篮技巧,从而突破本节课的教学难点。

另外,在学生自主练习和分组练习时,体育教师可以利用摄像机把学生出现的错误动作录下来,并在讲评纠正动作时播放到大屏上,学生通过观看正确动作与错误动作的对比视频,了解练习中容易出现错误的地方,及时纠正动作,从而大大提高了课堂教学的实效。

(三)课后,运用信息技术反馈教学效果

以前体育教师在撰写教案时,往往依靠个人经验和个人观察,对教学效果进行评估总结,难以反映学生对课堂教学的心理感受。利用信息技术,课后制作教学效果调查问卷,分享到微信群,由学生利用手机进行填写,快速统计学生对教学内容和教学方法的感受与建议。教师可以客观地掌握课堂教学中的优点和不足,及时对教学内容、教学法进行改进,提高执教技能。

四、信息技术运用建议

好的教学策略并不是任何时间都会收到好的效果。笔者通过自己的教学实践与研究,认为运用多媒体进行教学要考虑以下几个方面:

(一)多媒体和其他各类媒体择优使用

多媒体和其他各类媒体可以择优使用,这是因为多媒体并非无所不能,其存在长处亦存在短处。多媒体有时候无法实现其他媒体最好的效果。因此,我们应科学地使用多媒体与其他媒体。

(二)教学内容要能够体现多媒体特征

挑选能够切实体现多媒体特征的课程内容,制作多媒体教材,如形态学内容,微观、宏观的教学内容,抽象、复杂的教学内容,实习教学内容,实验技能训练课内容,使有限的制作能力用在关键的地方。

(三)依据不同的任务设置不同教学方式

按照不同的课程任务,使用不同的多媒体教学方式,合理设计多媒体教材的整体性能,如电子提纲型、综合演示型、实验操作型、考试测验型、资料工具型、网络教学型等。

(四)多媒体教学的设计不要过于花哨

多媒体的制作,应当尽可能通过数量最小、效果最佳的电脑资源,设计出简单优质的多媒体教材。应当基于多媒体运用方面出现的各类不足之处,逐步找到不同的教学途径,创造不同的教学手段。

思维导图运用策略

——以英语阅读教学为例

思维导图是大脑放射性思维的外部表现形式，是一种用来组织与表现知识框架的思维工具，是将知识结构图像化、具象化的过程。思维导图的理论基础主要来自建构主义理论、知识可视化理论、记忆的加工层次理论，其类型主要有图表型、头脑风暴型、解决问题型、互动型、循环型以及树形、链形、草图形等。思维导图的步骤是：确定核心词或关键词，画出“副标题”，在“副标题”后罗列细化的要点词，整理思维过程。本部分以中职英语阅读教学为例，就思维导图运用策略加以探究①。

一、中职生英语学习现状

职高学生在英语学习过程中存在基础不扎实，学习能力不够强，信心缺乏，恒心和毅力不足，对英语缺乏兴趣等问题。职高英语教学的基本要求是帮助学生了解必要的英语基础知识，培养学生听、说、读、写等语言技能，初步具备职场商务英语的应用能力；激发与培养学生学习英语的兴趣，提高学生学习的自信心，帮助其掌握学习策略，养成良好的学习习惯。在英语课堂教学过程中，部分学生在课堂上听不懂教师所讲授的内容，无法主动参与课堂学习。

① 马娴青.思维导图在职高英语阅读教学中的实践与研究[J].英语教师，2016(5)：94-96.收入本书时有较大改动。

二、思维导图在阅读教学中的运用

(一)精心准备,有的放矢

与传统翻译式的英语教学模式相比,思维导图的教学方式要求教师在备课阶段做更多的准备工作,必须对文章的主旨、思想、情感等有深刻的理解。教师先确定一个单词或简短的词语组合作为中心主题,然后围绕该中心主题对文章整体结构以及各段落进行准确把握,运用软件或手工制作一幅简单的思维导图,在课堂上告诉学生相关英语阅读课的目的和目标,有的放矢地引导学生关注相关阅读文章的段落结构,以帮助学生从整体、宏观角度把握文章的主旨。

(二)头脑风暴,拓展话题

在课堂教学的初始阶段,教师可要求学生先跳跃着通读文章,并在课后练习甚至是题目主干内容中找到关键词句,然后结合备课阶段准备的思维导图,引导学生展开头脑风暴(最好使用软件,可以在课堂上通过点击逐步显示大家已总结归纳的内容),让学生在已掌握知识的基础上对新的内容进行理解和把握。然后,教师根据文章整体内容及篇章结构引导学生理解主题。

(三)快速阅读,把握结构

经过初始阶段的铺垫,教师可以根据实际情况(如文章的长度和难度、与日常生活的紧密程度等),让学生在一定的时间内(3～5分钟)快速而全面地阅读文章,寻找每个段落的关键词或中心句。在这个过程中,教师要求学生先划分文章的结构,然后要求学生运用必要的阅读策略去概括文章主旨,以验证之前的活动对文章主题的预测是否准确。教师可组织学生以四人为一个小组,进行讨论,分析重点。

(四)深入阅读,分析文章

进入阅读教学的核心环节,是真正引导学生深入理解文章并把握相关文章内容精髓的关键步骤。在学生有效完成小组讨论后,教师可以根据实际情况,引导学生从文章的语法特点、语义连贯、段落衔接、写作手法等角度仔细品味文章,从而培养学生对文章的整体感知能力,并建立从全面到局部再到细节的阅读思维模式。经过长期的训练,学生能够提高阅读能力。教师可以选择文章中关键部分作为研究对象,设计相应的细节问题,进一步确保学生准确掌握全部关键信息,并通过这种方式帮助学生进一步强化和巩固知识点。

(五)善于总结,不断提升

学习完整篇文章后,在课堂时间或课后允许的范围内,教师可以引导并鼓励学生以小组为单位,在教师给出的简易版思维导图的基础上,根据课堂学习内容,绘制准确、完善的思维导图。绘制思维导图的过程实际上就是对课堂所学知识消化与吸收的过程,学生自己动手绘制思维导图比只用眼睛体验他人做好的思维导图更能有效地提高理解能力、总结能力和创造能力,甚至面对并不熟悉的文章时,也能够很好地把握文章的主线、结构和层次。除此之外,这是师生之间教学相长、同学之间取长补短的良好机会,更是思维碰撞产生火花和灵感的良好契机。对于特别重要或难以理解的文章,教师可以请小组代表讲解本小组绘制的思维导图,宣讲自己理解的文章内容,总结归纳文章要点,这有利于改变阅读课堂中教师唱独角戏的尴尬局面,有利于营造良好的氛围。

(六)大胆实践,勇于表达

学习英语的最终目的是理解语言背后的文化,并能够做到与人无障碍地交流;直接目的是在考试或升学中取得好成绩。英语阅读学习,虽然主要是书面形式,但实际上要学好英语不可能完全脱离口语练习。因此,教师可以在阅读文章的过程中找到文章主题,让学生充分准备,并用英语对篇章主题进行复述,这至关重要。针对一些较为重要或考试常见的主题,教师可以布置与主题相关的作文作为课后练习作业。

三、思维导图运用中应注意的问题

(一)精准介绍,充分认识

思维导图作为新兴事物,对于教师来说是新的体验,对于受传统英语教学的学生来说同样陌生。因此,在最开始将思维导图引入英语阅读教学时,教师应当向学生充分介绍思维导图的相关知识及用法,使其了解思维导图的作用和优势;还应当向学生传授有关软件的使用方法和常用技巧,使其不局限于手工绘制思维导图,在有条件的情况下可以通过软件绘制。教师还可以在课堂上选择几篇之前学习过的阅读文章,通过思维导图重新循序渐进地演示,让学生体会思维导图教学模式与以往学生所熟悉的教学模式之间的区别及优势,引导学生在小组讨论的基础上绘制自己的思维导图,让学生熟悉如何有效运用思维导图,以便对整个教学环节的过程和重点有基本认识和思想准备。

(二)坚持原则,合理运用

思维导图作为目前较为流行的有效教学模式,有利于提高学生的英语阅读能力,可以培养学生从全局把握文章主题的能力,促进学生写作能力的提高。但应当看到,这并不意味着思维导图适用于英语教学的各个方面。一般来说,思维导图当然不适用于所有类型的阅读文章。使用思维导图的目的是为了更好地引导学生理解文章,如果机械化地运用思维导图,会增加学生的负担,无法达到预期的结果。

(三)求同存异,共同提高

学生在进行合作绘图时,由于不同的学生观点不同,教师应鼓励学生互相欣赏、共同探讨、求同存异、共同提高。在阅读过程中,教师应引导学生选择行之有效的学习方法,以提高阅读效率。

综上所述,将思维导图运用到中职英语阅读教学过程中,有助于将知识可视化,帮助学生养成逻辑性思维,为学生提供简单、直接的思考和记忆模式,同时,可以使学生更有主动性,帮助其整体理解并把握文章内容。

声乐审美教学策略

——以声乐师资审美感知力培养为例

声乐是学前教育专业的基础性课程，目的是让学生掌握演唱的基本技能技巧，了解歌唱发声的共鸣原理和呼吸运动原理，学会对歌曲进行富有美感的艺术处理，启发和引导学生对声乐美感的认知和把握。歌唱教学在幼儿园举足轻重，歌唱美能让幼儿在演唱活动中获得愉悦的感受，声乐审美感知力的高低直接影响歌唱美领略程度和提高水平的高低。学前教育专业师资声乐审美感知力对幼儿歌唱教学具有重要意义，培养具有较高审美感知力的高素质学前教育师资是新时代对高校学前教育专业教师的要求。本部分以学前教育师资声乐审美感知力的培养为例，对相关教学策略加以探讨[①]。

一、构建姿态美和发声美

（一）姿态美的构建

声乐学习首先从站姿、坐姿开始。教师启发学生要从美的感知入手，感知“站、坐”姿态的美感。教师要有意识地从审美的角度、舞蹈的角度引导学生反复进行训练：

① 周丽秋.学前教育师资声乐审美感知力的培养[J].艺术教育，2017(7B)：103-104.收入本书时有较大改动。

脸带微笑头端正，落肩打开肩胛骨，

挺腰分脚自然站，双手自然下垂放。

要让学生逐渐感悟美的姿态，主动寻找与体验美的外在表现，感知美的内涵，发现美的规律。

（二）发声美的构建

发声是声乐学习的基础，正确发声是声音美的开始。声乐发声首先要训练学生听觉，可从元音训练开始，引导学生脸带微笑，口腔呈打哈欠状，软腭抬起打开，让学生通过意念找到胸腔、喉腔、头腔打开的感觉，用快速向外吹气的方法找到横膈膜向外扩张的感觉，用均匀吹蜡烛的方法找到横膈膜气息支持的感觉。同时，让学生学会运用听觉来检验自己的发声和音准状况，辨别教师的示范发声，细心对照模仿，有意识地操作练习。培养学生用钢琴作为音准参照，积极调动听觉，不断调整与改变自己的发声状态，直到发出正确而美的声音，体验到美的感觉。此外，应引导学生多观看名人名家的演唱，促成学生建立正确歌唱的姿态和美的声音的概念。

二、夯实音律美和旋律美

音准和节奏是构成声乐作品音律美的基础。声乐演唱的音律美，必须要有良好的音准和节奏做保证。只有音律美才能更好地体现旋律美。在声乐教学中，作品的范唱或音响视听的目的是给学生以正确的声音形象，让学生产生音律美和旋律美的审美感知。

声乐作品的学习从视唱旋律开始，其间学生会出现音准不足、节奏紊乱的问题。教师应教学生读节奏和划拍子，使学生学习与体验节奏的强弱、快慢、不同的类型和不同的风格特征。音准美、节奏美得到了保证，就为歌曲演唱的音律美和旋律美做好了准备，为歌曲演唱的声乐审美打下了良好的基础。

三、训练表情美和语言美

（一）表情美的训练

演唱者对声乐作品内在含义、形象的认识和想象，需要通过表演来实现。教学中，教师要对作品的思想内涵和创作背景进行深入挖掘，对歌词进行细致的讲解，从审美的高度对歌词做声情并茂的示范性朗读，艺术地渲染歌曲的情境。表演美包括表情、动作、气质和仪表之美等。其中，眼睛是传达内心情感最直接的表现工具，教师应引导学生在声乐表演中注意眼睛的表情，启发学生在演唱时带着丰富的感情来表现眼中所看到的歌词，所要表达的内容、情感和意境，随歌词、歌曲变化而眼神发生变化。

（二）语言美的训练

人类早期的音乐是以语言为主的声乐形式。语言美离不开对文字基本功的严格训练。咬字吐字的准确性是语言美的基本保证，同时是准确表达音乐思想情感的基础。教师应教会学生深层次地研究歌词的含义、结构和美感，逐字逐句地纠正发音，反复练习咬字吐字，掌握“字头短而准，字腹开而松，字尾短而轻”的基本原则。练唱时，将歌词的每个字用标准的普通话读出来，做到读字富有音韵美。结合发声，以字带声，力求字正腔圆，声情并茂。“说得好，唱得好”，字正腔圆地表现语言的内涵，是声乐表演中重要的审美要素。

四、塑造动作美和台风美

（一）动作美的塑造

形体动作的训练对声乐表演来说很重要。在演唱中以歌声表现情感，适当加入优美的形体动作，就能够显著增强艺术情感的表现力。教师应借助多媒体让学生欣赏歌唱家的表演，分析其表演，观察其形体动作，积极模仿学习，寻找表演时内心的美感，体验外在表演美。教师在范唱表演中，要对动作的设计意图和审美方式进行分析讲解，拓宽学生的视野，丰富表演的知识。

（二）台风美的塑造

歌唱台风包括个人的思想品德、文化修养和精神内涵等。除了表演者的个人气质、肢体动作、神情表现之外，教师要在文化学习和思想修养上持之以恒地引导启迪，在教学中以身作则，发挥模范作用，使学生潜移默化地培养庄重、沉稳、秀美、大方的气质。此外，应教会学生根据不同地域风格的作品设计动作和台风，使形体的动作和台风与歌声密切配合，发挥传情达意的作用，取得声乐表演整体之美。

五、运用多样化手段教学

（一）案例对比

举例、模仿、对比是声乐教学中常用的方法。比较法是通过对比确定事物之间的异同和关系的方法，鉴赏与识别是提高教学质量的重要教学手段。在声乐教学中，通过正确声音和错误声音的对比视听，学生能明白横膈膜气息支持的重要性；通过表情的模仿对比，学生能明白怎样表达歌曲的情绪和风格；通过不同音乐类型的对比，学生能感受音乐作品的力度、速度、曲调的变化。此外，可以对各种声乐流派、声乐作品风格和声音品质进行比较，对同一首歌曲进行不同的处理手法与表现方式的比较。学生在各种比较中学习，找到解决问题的方法，可以有效提高自己的歌唱能力、声乐审美能力、鉴赏力、表现力和创造力。

（二）全面欣赏

声乐欣赏需要听觉欣赏和视觉欣赏结合。听觉欣赏是关注演唱者的声音美感及对音乐情感内涵的把握。视觉欣赏是听到优美歌曲的同时,看到演唱者在台上充分把握与发挥歌曲情感的表演。教师要引导学生倾听他人和自己的声音,让学生学会抓住声乐作品的基本框架和情绪特点,形成对声乐作品较为直观的感受力。学生对美的声音、优秀的表演的欣赏积累到一定的量,其欣赏水平会发生质的飞跃,声乐审美感知能力会相应提升。

(三)多次实践

艺术实践对专业学习的发展有推动作用。学前教育专业学生在声乐大课上先学习理论知识,然后进行交流实践,每个学生都有表演的机会,最后通过点评等形式,找出自身不足,明确努力方向。一些节日活动、艺术节活动和外出表演活动,应尽量让大部分学前教育专业学生参与,使声乐教学与艺术实践密切结合。在大型演出或节目比赛前,组织专业教师和领导多次审核,提出修改意见,使节目确保有较高的质量。这些能够快速提升学生自身的演唱水平,提高学生的声乐审美感知力。

(四)赏识激发

赏识教育能有效激发学生的学习热情。在教学中,教师对学生要有信心,要用积极乐观的情绪感染学生,活跃课堂气氛,使学生在学习中找到快乐和自信,在不知不觉中获得美的熏陶,激发学生的审美潜能。

综上所述,声乐审美感知力培养是一项系统工程。教师在教学中,应该用美的内容陶冶学生的情操,启迪学生的智慧,用美的方法吸引学生参与,激发学生的兴趣,促进学生对美的感知,让学生在学习声乐中,通过感受、鉴赏、表现、创造,发展审美想象,深化审美理解,强化审美体验,提高审美素养,从而实现音乐教育的审美目标,培养出富有声乐审美感知力的学前教育师资,更好地实施幼儿的美育教育。

音乐理论教学策略

——以学前教育专业乐理课教学为例

音乐理论,简称“乐理”,是中等职业学校学前教育专业主要课程之一。乐理知识的扎实掌握是学好音乐的前提与基础,中等职业学校学前教育专业学生,通过对乐理知识的学习,不仅能够对音乐有正确而直观的认识,还可以通过基本音乐知识和音乐技能的掌握为其幼儿园教师工作岗位打下良好的基础。本部分以中职学前教育专业乐理课教学为例,就相关教学策略加以探讨①。

一、立足兴趣,点燃学生学习欲望

兴趣是学习最好的老师。想要学生喜欢乐理这门课,笔者认为任课教师要关注学生的学习兴趣。剖析中职学前教育专业学生对乐理学习所产生的不喜欢的原因,笔者认为主要是课程教学内容往往过于理性化与书面化,乐理教学方法墨守成规、乏味无趣。在传统的教学过程中,“书本、教师与学生”之间产生了强烈的距离感,教学过程脱离了学生的音乐实践与趣味的结合。

因此,必须要调整传统教学中“教师管读、学生管听”的不良模式,以兴趣为支点,撬动学生学习内驱力,让学生积极参与。例如,通过结合钢琴、器乐、声乐、舞蹈等提高学生对乐理学习的兴趣。再如,通过演唱片段、单音和弦听

① 陈彬彬.中职学前教育专业乐理课教学效率提高的四点建议[J].现代职业教育,2019(12):192-193.收入本书时有较大改动。

辨听记等，让乐理从文字落实到器乐、声乐、舞蹈表现中，提高学生对乐理知识的切身体会与理解。

二、传授方法，提高学生学习效率

乐理学习效率的提高需要学生掌握科学而有效的学习方法。众所周知，理论的学习最忌讳就是逐句去背，因为这样做忽略了理解理论知识的重要性。采用滞后的学习方法，浪费很多的时间和精力，也削减了学生的学习兴趣，最终影响学习效果。因此，教师在传授知识的过程中要引领学生探索自己适合的、独特的、有效的学习方法。当然，提高乐理知识学习的方法有很多种，适合学生的才是最好的。笔者在教学中常常引导学生掌握"关键词学习法"，即在阅读乐理知识的过程中通过捕捉文字段落中的关键词，帮助学生在最短的时间内找到知识的重点，通过关键词的理解掌握知识。同时，教师在学生理解的基础上给予补充。

例如，在乐理的节奏知识概念学习中，可以通过划出关键词的方法提高学习效率。节奏的界定，表述如下："将长短相同或不同的音，按一定规律组织起来，就形成节奏。节奏是音乐的脉搏，是支撑音乐的骨架。"学生可以边读边按自己的理解，找出语句中的关键词，如"长短相同""不同""规律""脉搏""骨架"等。根据这几个关键词，老师提示引导，学生展开讨论与理解：为何长短相同或不同？规律是什么？为什么是脉搏与骨架？结合学生的答案，教师给予帮助与归纳：长短相同或不同指音乐中的各时值不同，有些音唱一拍，有些音保持两拍或半拍等，组合的音相同，但节奏不同，就会产生完全不一样的风格与效果。教师以一些民歌为例，比较异同，总结节奏在音乐中的作用。引导学生在学习音乐过程中，要注重节奏准确，才能正确表现音乐。

三、分享教学，让经验作用最大化

俗话说："三个臭皮匠，顶个诸葛亮。"更何况，学生并不像臭皮匠那么愚钝，教师个人的智慧也比不上诸葛亮。所以，课堂教学过程中教师要善于组织学生，要集思广益。

如课前布置学生预习新授内容，并将新授课的机会交予报名参与的"小老师"。教学实践中"小老师"可以采用单独教授与小组合作教授的形式进行尝试。在此过程中，教师的职责就是不断鼓励学生拓展思维，分享自己的学习经验，培养团体协作能力。在"小老师"完成教学后，教师对其进行适当的补充和提炼，组织学生进行评价，从而让分享教学的作用最大化。实践证明，课堂中"小老师"发挥的智慧，往往会令人大为惊喜。当学生愿意一起探索、与别人分享时，我们的课堂不但进入学生的世界，而且变得有深远的意义，师生不再只是做足表面的课堂，而是为了提高分享教学的作用。

四、培育习惯，提高自我学习能力

真正的知识，是经得起时间考验的。教学实践中，笔者鼓励学生课前养成预习的习惯，课上养成记笔记的习惯，课后养成整理笔记的习惯，等等。当然，记笔记的方法可以是多种多样的，并不仅仅局限于文字记录形式，还可以用思维导图的形式完成课堂学习笔记，参见图1。

笔者还鼓励学生在看似"冰冷"的关键词旁加上充满情感因素和个人色彩的联想记号与文字提示。结合学生富有创造性、趣味性的心理特点，让理论内容变得好玩，用颜色变得多彩，制作出属于别人看不懂、只有自己明白的独特笔记，有利于下次翻阅理解，温故而知新，提高学习兴趣。

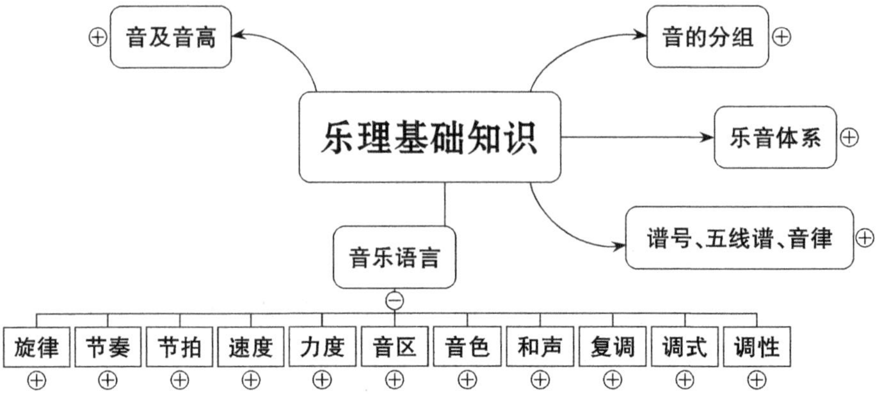

图1 用思维导图整理乐理基础知识体系

舞蹈教学心理沟通

——以学前教育专业舞蹈课教学为例

中职舞蹈教育作为职业教育中的一种，其中心目标是培养出具有一定舞蹈技能与舞蹈艺术知识的基础性舞蹈人才。中职舞蹈教育不仅承担着舞蹈职业训练的任务，还承担着普通教育的任务，需要在学生的文化水平、道德品质、心理素质等方面投入许多精力。学生的心理年龄特征，是在一定的社会和教育条件下，在学生心理发展的各个不同年龄阶段中所形成的一般的、典型的、本质的心理特征。反思当前的中职舞蹈教育，一些学校对学生心理方面的关注十分欠缺，或者说师生心理沟通在教学中应用得较少，成效不明显。基于此，要强调师生之间的心理沟通，提倡在教学过程中更多地运用心理学方法进行有效的心理沟通。本部分以学前教育的舞蹈课教学为例，就如何实现有效的心理沟通加以探讨[①]。

一、舞蹈教学中师生心理沟通的作用

（一）高一阶段师生心理沟通的作用

高一阶段的学生，年龄多为十六七岁，在舞蹈课堂上表现为有浓厚的学习

① 王利平.中职舞蹈教学中师生心理沟通的作用及策略研究：以杭州市闲林职业高级中学学前教育专业研究为例[J].学周刊，2012(14)：205-206.收入本书时有较大改动。

兴趣,有较强的求知欲,并且对学校、教师和集体生活等都抱有美好的想法,心理上想尽快投入新的学习环境。教师应该及时抓住学生的这种心理需求,和学生进行有效的心理沟通,将学生的这种强烈的愿望,保持到每一节舞蹈教学中,可对课堂教学的有效性起到推波助澜的作用。通过心理沟通,学生能明确自己的学习目的;通过心理沟通,学生能正确地对待自己的梦想,并为之奋斗;通过心理沟通,教师能激发学生的学习积极性,使其继续保持强烈的热情和坚定的毅力去学习舞蹈知识与技能。

从生活角度来讲,部分高一学生是第一次过"吃大锅饭,睡集体宿舍"的生活,第一次"独立"面对学习与生活,在一段时间内必然存在种种的不适应。新鲜感会支撑他们一段时间,但很快,疲倦、烦躁、消沉可能席卷而来。况且身为独生的孩子,部分高一学生已经养成了极强的依赖性,而如今自己要面对一切事情,自己要独立去完成,其心理上的变化是非常大的,这时就需要教师通过心理沟通,对其进行心理疏导。

因此,可以说,高一阶段师生心理沟通对学生快速适应学校环境、快速适应舞蹈学习等有重要的作用。

(二)高二阶段师生心理沟通的作用

高二阶段已经是学生在学校的第二个年度了。通过第一年的适应,他们对学校、老师、同学等都有比较详细的了解,在舞蹈学习上有了一定的舞蹈基础,因此在课堂学习过程中会表现出一定的自信心,但心理上仍然还是"半幼稚""半成熟",自觉或不自觉地意识到自己已经不再是"小孩子",而是成为"小大人"了,自我意识急剧发展,处处以"成人"自居,对摆脱成人"约束"的欲望越来越强,厌烦家人和教师的管教,课堂上教师的耐心讲解常常会引起他们的反感或"反抗"。学生喜欢独立地寻求事物现象的原因和规律,喜欢争论、探讨、追问、批判地对待一切。但是,他们这种思维的独立性和批判性还不够成熟,且容易产生片面性和表面性。虽然学生在意志品质上有明显提高,但并不完美,仍然具有较大的受暗示性,模仿别人,易冲动,任性,固执己见,时常产生蛮干的行为。

处于青春发育期的学生，对异性好奇，在异性面前会表现自己，有引起对方注意的愿望。他们对自己生理上的变化，既感到好奇又感到神秘，容易产生既“害羞”又“恐惧”的心理。

因此，高二阶段师生心理沟通的作用就在于深层次地对学生的学习观、人生观、价值观等给予指导，在教学上要疏导学生浮躁的心理，使其顺利度过逆反期。

（三）高三阶段师生心理沟通的作用

高三阶段的学生，无论在生理上还是在心理上都已经成熟起来，随着学习的深入，学生在学习初期不明显的能力差异与个性差异渐渐明朗起来。根据舞蹈教学大纲要求，高三阶段的舞蹈课堂学习内容更注重艺术表现力，所以高三的舞蹈课上，学生容易在水平上拉开差距，这容易导致学生之间进行攀比。有些在高一、高二时运动能力表现较强的学生，因表现力不佳而出现成绩下降的趋势，这使他们有些苦闷，常常因心理紧张而舞蹈表现不尽如人意，担心动作出错而羞于表现，怕被别人取笑而放弃练习，等等，心理出现了负担，严重者会开始破罐子破摔，恨不得马上毕业。一些学生渐渐缺乏理想，意志消沉，胸无大志，鼠目寸光，整天为自己升学、就业担忧，用偏见来看待现实生活，对别人不信任，产生悲观情绪，这一切都不利于学生在校学习。

同时，临近毕业，学生都在忙着找工作，为以后打算，加上课程减少，一天要做的事杂乱繁多，有的同学已无心上课。

因此，高三阶段的师生心理沟通的作用主要体现在如何对学生进行正确的引导，如何面对毕业、升学、就业，如何顺利地完成舞蹈学习。

二、舞蹈教学中师生心理沟通的策略

（一）以首因效应为契机，打开心理沟通之门

首因效应，是人与人第一次交往中给人留下的印象，在对方的头脑中形成

并占据着主导地位的效应,也叫首因效应、优先效应或第一印象效应。换句话讲,就是指第一次与某物或某人相接触时留下深刻印象。不要小看这个第一印象,其具有作用强、持续长的特点。俗话说:“万事开头难。”如果一开始基础打得牢固,那么以后的沟通会变得畅通和有效。

舞蹈教学的第一课,就是我们进行有效心理沟通产生首因效应的最佳契机。从学生踏入舞蹈教室的那一刻起,教师就应让学生体会到课堂是温暖的,老师是和蔼可亲的,舞蹈是优美的,学习过程是有趣味的。这样做的目的,是使学生能较快进入学习状态,适应新的学习生活环境。通过这样做,就可以取得首因效应。

(二)以和谐的师生关系为基础,保持师生心理沟通渠道的畅通

俗话讲:“入情才能入理,入理才能入心。”在教学中建立良好的师生关系,增加双向沟通渠道,缩短师生之间心理距离,有助于教学任务顺利完成。构建和谐的师生关系,教师应当在生活上成为学生的朋友,帮助他们料理生活上的琐碎事,在学习上成为学生的好帮手,循循善诱将其引入正常的学习轨道,但同时教师必须意识到自己作为教师的角色地位,不能对自己喜爱的学生有私心,而忽视其他学生的存在,否则会引起学生之间的嫉妒,有的学生甚至会产生厌恶老师的情绪。在构建和谐的师生关系过程中,教师必须以一颗公正平等的心去对待每一位学生,使他们对老师的感情转移到学习上,这样才能有利于教学顺利进行。

尤其是高二阶段的教学,这是整个教学过程的转折点,处于青春发育期的学生,渴望得到教师的理解、尊重、关心、疏导,却又排斥教师刻意地关注和过多地指导。教师必须在这个学生心里充满矛盾的时期,帮助他们克服生理上和心理上的种种障碍,使其身心健康成长。

(三)以细致了解、区别对待为方法,提高心理沟通的有效性

教育教学提倡因材施教,心理沟通讲求个例研究。重视学生的个性心理差异,细致了解学生心性,区别对待个人之事,有利于提高舞蹈课堂教学质量。

例如，一些学生在离婚家庭中长大，性格孤僻，教师应给予照顾、体贴、关心，多与其交流，了解其内心世界，填补其心灵上的空缺，让他们感到教师是可以信赖和依靠的。

个别学生反应迟钝，教师不能一概否定，要做有心人，认真掌握他们认知活动的特点，制订一套训练计划，逐步增强其反应能力，可以采用辅助课等方法加以解决。

有的学生因结识社会一些不良人士而影响了学习，教师要及时给予思想教育，让他们真正懂得学习的目的，帮助他们树立正确的人生目标，使其全身心投入学习中。

凡此种种，都需要教师平日里细心观察，只有这样才能收到较好的教学效果，达到教学目的，全面提高教学质量。

（四）以丰富的专业知识和技能为依托，保障教师心理沟通的主导性

教师与学生进行心理沟通，自身必须有丰富的专业知识和技能。这里的知识，不仅包括舞蹈方面，还包括心理方面。如心理学中有一种心理效应，叫"马太效应"，实际上就是"好生好对待，差生差对待"造成的。但其结果是，学生看不到"好生"的优点和长处，而是看到教师的"偏心"，从而极大削弱了"好生"的"示范效应"，而教师因材施教的初衷会被大打折扣。教师如果认识到这一点，完全可以通过对教学组织方法和情绪态度进行适当的调整，尽可能减少"马太效应"的负面影响，使大多数学生能够专心投入学习中。

（五）以豁达的心胸对待学生，拓展心理沟通的空间

在教学过程中，教师会不自觉地对学生的某一缺点产生反感，心里不喜欢这个学生。时间一长，这种心理就导致教师心胸狭窄，不能容忍这个学生的一丁点错误。如教师容易对学生滋长的"成熟感"产生看法。"成熟感"是学生自我意识急剧发展的一个突出特点。学生的言谈举止、衣着打扮都极力模仿成人，常在众人面前显示自己"成熟"。如果教师仍当他们是小孩子，用婆婆妈妈

的方式进行说教，就会引起他们的反感，产生对立情绪。因此教师既要尊重学生，又要适当监督他们、指导他们，还要放手让他们去做一些事情，给他们留一片自由的“天空”。教师有了一个豁达的心胸，可以包容学生课堂中出现的错误观点、错误行为，这些都有利于师生之间的心理沟通，最终有利于教学有效性的提高。

三、舞蹈教学中师生心理沟通的建议

（一）心理沟通的基础是情感投入

情感是人与人之间的纽带，是交流、合作的重要前提。任何人群，缺乏了情感基础，将是一件非常可悲的事情。从舞蹈的原生态意义上说，舞蹈是一门表现人类情感的艺术，无论是自娱自乐，还是哲学意义上的生命探索，都离不开人类的情感因素。在舞蹈教学当中，对学生进行启发、引导，使其由被动发展到主动成长，最终实现有效的教学，都缺不了学生的感悟与实践。因此，教师的情感投入是师生心理沟通的重要前提。笔者认为，这种情感投入，不能只局限于舞蹈本身，还应把舞蹈与学生集合在一起。虽然在心理沟通中师生情感是不可或缺的基础，但不能把心理沟通庸俗化，片面地理解为简单地与学生交朋友、搞好关系，而应强调以情感交流作为纽带进行心理交流。

（二）心理沟通的关键是用心交流

教师与学生在课堂上的交流重要，但更重要的是教师要用心去和学生交流。因为学生入学的时候普遍只有十五六岁，离开父母的日日呵护，独立面对几十个不同的人一起生活、学习，这必然会在其心理上产生巨大的压力。此时若能得到教师及时的心理疏导，那么必将对学生的心理稳定和全身心投入学习中有帮助。在舞蹈教学中，心理沟通多数是身体语言的交流，通过教师身体语言的展示，实现心理的交融，为此，笔者建议每一个舞蹈教师都应该进行认真的思考。舞蹈教学作为一种群体状态下的个体教学，教师要特别注意与每一个学生建立起良好的沟通渠道。虽然要求每个教师在课堂上对每一个学生都要"管到位",但教师一定要想办法在不影响自己教学安排的前提下,让每一个学生体会到对他或她的关注,辅之以适时适当的激励,这样可收到很好的督促学习的作用。

(三)心理沟通不等于心理健康教育

我们所说的在舞蹈教育当中强调与学生的心理沟通,不是要把舞蹈教育变成心理健康教育,而是要求教师巧妙地运用心理教育丰富舞蹈教育,达到辅助与提高舞蹈教学的目的,最终为舞蹈教育的总体目标服务。实际上,在任何教育理论中,心理教育都占有比较大的比重。传统意义上的舞蹈教育,基本上是以技术动作为核心,情感交流与心理沟通在具体的教学活动中没有得到足够的重视。现在教育心理学的概念、方法、手段,如果能够真正进入舞蹈教育中,可以大大促进学生心理健康发展。

幼儿歌曲教学策略

——以学前教育幼儿歌曲教学为例

新一轮中职课改要求课堂生动、活跃，尊重学生的主体性与主动性。根据职业学校“以就业为导向”的方针政策，学前教育专业教师在专业课的教学不能只强调掌握技巧，而应该重视学生对音乐的情感激发和体验，以及学生对音乐学习的主动性和创造性。幼儿歌曲弹唱是学前教育专业学生必须具备的基本技能，也是高职升学考试的重要考试科目。本部分运用奥尔夫音乐教育理念，就学前教育的幼儿歌曲教学策略加以探究[①]。

一、奥尔夫音乐教育理念综述

（一）奥尔夫音乐教育理念的主要特征

奥尔夫，全名卡尔·奥尔夫（1895—1982），德国人。奥尔夫音乐教育理念赋予音乐教育以全新的观念与方法。奥尔夫音乐教育理念，笔者认为主要有以下特征：①综合性；②即兴性；③亲自参与；④诉诸感性，回归人本；⑤从本土文化出发；⑥适于开端；⑦为所有人。其中，即兴性是奥尔夫音乐教育理念的最核心、最吸引人的部分。

① 诸再娣．诉诸感性 回归人本：奥尔夫音乐教育理念下的中职学前教育专业幼儿歌曲教学策略研究[J]．经营管理者，2017(27)：420-423．收入本书时有较大改动。

(二)奥尔夫音乐教育理念的具体体现

第一,在课程方法上,奥尔夫音乐教育推崇主动学习,注重培养学生的创造力。

从原始性音乐教育观出发,奥尔夫推崇儿童主动学习音乐,即通过即兴演奏并设计自己的音乐,在教学活动中用一种以节奏型为主并比较容易学会的乐器。奥尔夫的这种乐器不是高度精确性或高度科技化的乐器(如钢琴、电子合成器等),而是人的肌体(如拍手、跺脚等)、原始的发声器(如手鼓、木鱼等)和奥尔夫自己设计发明的“奥尔夫乐器”。

第二,在课程思想上,倡导一切从儿童天性出发,注重参与性和表演性。

奥尔夫教学课例内容和形式是十分丰富的,集演唱、演奏、舞蹈、朗诵、表演于一体,所有的内容与音乐文化相联系,处处体现着人文精神。奥尔夫认为,这种集诗、舞、乐等于一体的综合性课程,不但符合人类生活的原始性、原本性,而且符合儿童的特点和他们学习音乐的自然天性。

第三,在课程内容上,强调选择要符合儿童天性,注重民歌与童谣运用。

奥尔夫教学体系的对象是所有的儿童,包括那些才能较差的儿童。因此,在教学内容、教学材料的选择与确定上,奥尔夫都是根据儿童的特点来进行的。例如,在教学材料的选择上,以布谷鸟叫的下行三度作为旋律学习的起点,以同学们的名字、熟悉的童谣、儿歌以及色彩、花、树木、一周的每一天、地名等作为先学习的对象。

二、学前教育幼儿歌曲教学问题分析

(一)音准、节奏感的问题较为突出

结合笔者的教学观察、问卷调查,发现在幼儿歌曲教学中学生表现出的主要问题是音准和节奏感。通过文献的检索与研读,发现这些问题并不是笔者学生身上独有的,而是属于普遍性问题。也就是说,在音乐学习上,要经历这

一过程。但是，笔者进一步了解到，学生是否较早接触专业音乐学习，对上述问题的出现有较大的影响。这一现象说明，具备一定音乐素养的学生会相对较少出现上述问题，或问题较轻。

（二）课堂学习学生参与积极性不高

教学观察发现，在进行幼儿歌曲内容的教学过程中，学生参与的积极性不高。调查结果显示，教学内容的幼稚化是主要原因，教师的教学组织形式与手段陈旧，怕出丑，丢面子等。随着网络信息化的快速发展，教师的教育手段需要更新，与时俱进是新时期教师生存的真实写照。提高学生课堂参与的积极性，既要教师优化教学内容，又要教师更新教学手段。

（三）学生社会实践与创新能力不强

在多年的教学中，笔者发现学生在社会实践与创新两个方面存在问题，尤其在课堂音乐歌曲的编排上表现更为突出。我们知道，创新必须基于实践，没有丰富的社会实践经历，创新只能停留在纸上。我们的学生由于种种原因不愿意参加相关的社会实践，自身无法在参与实践过程中得到锻炼，因此在一定程度上影响其创新能力。

三、奥尔夫音乐教育理念下幼儿歌曲教学策略

（一）利用空间方位，解决歌曲中的音准问题

“音准”问题是声乐表演实践中经常出现而在声乐教学中较难解决的问题。音准是表现歌曲美感的方法之一。一些学生还不能熟练认知五线谱，对音高概念模糊，在歌曲实际演唱中，总是找不到音高。通常而言，在歌唱中所出现的“音准”问题，可以归纳为“偏高”“偏低”“失衡”三种类型。歌唱发声的运动过程主要是演唱者声门的动态调整和合理的呼吸支持协调完成的。怎么根据这些提高学生的音准呢？笔者从学生辨别音区入手，用律动的方法，在拍

手的形式下，让学生辨别音高。这样做的好处就是对学生日后的即兴识谱、演唱有帮助。

教师演奏乐曲，用不同音区和音乐情绪表现律动。演奏次数及顺序由教师灵活控制。不过，第一遍必须在中音区，然后分别在高音区和低音区演奏。请同学们用身体动作来分辨。教师在中音区弹奏旋律时，学生在胸前有节奏地拍手；教师在高音区时，学生就踮起脚尖，头顶拍手；听到低音区旋律出现时，就下蹲拍手。学生利用自身肢体的参与，形象而生动地感受与辨别不同音区以及音乐情绪，有效地提高了学生的感知能力，激发了学生课堂学习的积极性，音准问题就迎刃而解。

当然，造成学生音准的因素很多，如不良的歌唱呼吸习惯，缺少对演唱声音的观察和评定能力，心理素质不高，等等。这些问题我们可以另外找方法去解决。

（二）利用打击乐器，提升学生的音乐节奏感

在教学过程中经常会遇到这样的问题：学生不管音符时值的长短关系，不能正确地把握歌曲节奏，严重影响了歌曲的演唱。根据奥尔夫教育理念中打击乐器相关理念，笔者在自己的课堂上设计了不同的打击乐器进行幼儿歌曲教学。

第一，使用简易打击乐器。

用打击乐器活跃课堂气氛，是奥尔夫教学中的一大成功之处。笔者在职高音乐课上尝试运用这样的方法来调动学生学习的积极性，运用简易打击乐器，进行力度、速度的训练，在增强学生节奏感的同时，巩固学生对各音符时值长短的知识。

第二，用肢体做打击乐器。

拍打肢体的不同部位时，获得的强弱变化是不一样的。如强拍时可以拍打手掌，次强拍可以跺脚，弱拍时可以拍打肩膀、腿。笔者首次将这个方法运用到课堂中时，很快就受到学生的热烈欢迎，学生掌握起来特别快。

第三,利用律动游戏进行速度和力度训练。

速度和力度是音乐表现手法中的基本要素。音乐的速度、力度和歌曲的内容是紧密联系的。速度和力度的运用不正常,会破坏或者歪曲音乐的艺术形象。对学生来说,由于学习方法不好或者学习态度不端正等,在演唱或弹奏时,往往会忽略音乐中的力度与速度要素,使音乐失去了原本的含义。因此,笔者对其采用律动游戏进行训练。

10个人围成圈,面对圆心,按节奏谱拍打并说出名字。说什么均由教师安排。一圈轮完后,由教师提出新的建议,如说出城市、水果、动物、植物、文具或玩具等。按顺时针方向轮流,中间不能停,也不能重复。边拍打边说名字时,速度要平稳,不能忽快忽慢,未轮到说的同学用拍腿、拍手、推开手等固定节奏为说的同学伴奏。

(三)综合教学内容,注重各技能间相互作用

教学内容综合主要体现在学生的综合性表演上,具体而言,立足音乐本身与其他学科之间形成的有机融合。音乐与姊妹艺术之间相互渗透而出现融合现象,是音乐课程中音乐学科向姊妹艺术学科的一种延伸,音乐教学要以更加开放的态势发展学生的潜能。为此,笔者结合手工、舞蹈、口语等课程内容进行幼儿歌曲教学尝试。

在音乐课中,笔者把单纯的幼儿歌曲教唱融入舞蹈、绘画、手工、普通话、生理卫生与保健等专业科目中,密切结合,帮助学生领略幼儿歌曲更深层的含义,提高学生的创新协作能力。

在《歌声与微笑》歌曲的教学中,笔者让舞蹈课代表负责编配舞蹈,为歌曲伴舞,原本意思是只要简单加几个动作就可以了,可是结果出乎意料,课代表组织了班里舞蹈比较好、积极性比较高的同学一起编排,舞蹈无论从动作上来说还是从队形上讲,都非常到位。据此,笔者更加坚信学生的艺术潜力是无限的,只要教师给以展示的舞台,敢于去挖掘。

(四)引导音乐想象,鼓励学生进行音乐创造

音乐是一种实践性很强的艺术。我们以往的音乐课,有时候注重单一的知识传授和技能的训练,但是在长期的教学过程中深深感觉到,这些是不能代替学生对音乐的深刻感受、体验、理解、想象及创造。因此,在幼儿歌曲教学活动中,需要让学生积极参与实践,充分发挥学生的想象力与创造力,只有这样,学生才会带着对学前教育职业无比热爱和积极向上的心态步入以后的工作岗位。

> 在教唱了幼儿歌曲《数鸭子》之后,笔者让学生以组为单位编音乐剧。为了让学生有足够的想象空间,音乐剧的形式、道具、内容上让学生自定。在展示课上,有的同学让我大吃一惊,原来一首幼儿歌曲还可以编这样的形式——微型立体式情景戏来进行表演。课前,学生制作了许多微型小鸭子、小桥、水波浪、苹果树等道具。有个小组在表演时,用细绳牵动着鸭子,使它随着音乐节奏缓缓向前游动,而且左右摇摆,课堂气氛十分活跃。在展示过程中,同学们有的拉线表演,有的唱歌,钢琴技能稍强的同学弹奏钢琴为歌曲伴奏,他们各尽其职,纪律有序。

笔者想到一句话:“不怕你做不到,就怕你想不到。”因此,采取多形式、多手段地引导学生进行音乐想象,鼓励他们大胆地进行音乐创作,是提高幼儿歌曲教学有效性的重要途径与策略。

(五)鼓励社会实践,通过磨炼提升职业素养

笔者在音乐课堂上实践奥尔夫教育理念之后,发现学生在演唱和表演等各方面都有很大的进步。笔者要求学生在学校每年开展的暑期社会实践活动中,每位学生都能深入社会,走进幼儿园,学习幼儿老师的教学方法,并找合适的机会尝试着把所学的知识运用到实际中。

在社会实践活动中,同学们把自己曾经制作的道具和乐器带进幼儿园课堂,如微型小动物的头饰、自制的打击乐器、磁贴卡片等,深受老师的好评和孩子的喜爱。同时,同学们学习了如何巧妙而有效地利用这些道具。在这样的活

动中，学生不仅积累了社会经验，还提高了组织活动和管理的能力，团队合作的精神得到了增强。通过社会实践的训练，学生的职业素养得到了提升。

（六）丰富教学手段，培育学生课堂参与意识

教育的艺术不在于传授的本领，而在于激励、唤醒、鼓舞。笔者通过奥尔夫音乐教育理念的学习，结合自己多年的教学经验，深深感受到必须要丰富自己的教学手段，积极培育学生课堂的参与意识，从而提升幼儿歌曲教学的有效性。

在区中职教师优质课评比中，笔者设计了一堂课：《音乐律动创编——母鸭带小鸭》。

在设计上，笔者注意根据教材内容和学生的心理特点，用趣味性的教学方法，精心设计新颖、生动的教学形式，激励学生以饱满的热情和旺盛的精力积极主动地学习，让学生感到"我能行"。

具体做法如下：

（1）视频导入。

为了让学生明确本堂课的目标与方法，笔者在课堂的开始，设计了让学生观看视频的环节。该片段是关于幼儿教师在教学中所采用的律动方法。第一，老师为了强调强弱的节奏关系，在教唱《小雨点》时，运用了图片的表达方式，用大雨点表示强拍，小雨点表示弱拍。第二，教师让幼儿自己编出儿歌，配合拍手的动作，根据伴奏念出节奏。第三，教师让幼儿自己想出动作，带领其他人一起跟着节奏动起来。看了这样的教学实况，让学生感受到幼儿教师本领大，可以把看似无形的"节奏"变得不仅可以让人感觉到，还让所有人都能看到，也充分体会这样的音乐课堂可以给人带来轻松和愉快。

（2）巧用简笔画。

高一年级的大部分学生害羞、胆小，对于音乐的表现，欲望还不是很强烈。但是有些学生性格外向，平时爱唱好动，乐于表现。笔者运用简笔画，用模仿的方法进入创编的第一阶段，让学生开动脑筋。每个小

组可以自己创编独特的造型，自己想不出来，可以参考同学的。教师在课堂中不断巡视，挖掘几个有创新的动作，让其当一会儿小老师，这时候，全班所有同学都跟着动起来。

(3)创编PK秀。

幼儿歌曲歌词有简单而短小的特点，对于高中生来说，只要求他们创编歌词，实在有些简单，于是笔者要求学生在编好歌词的基础上，组员分配好任务，既要有念、有唱，又要有跳的动作。命令一下，于是大家一齐开动脑筋，不知不觉中歌曲已填好，学生唱起自己编写的歌词更是兴趣盎然。他们自主安排几位同学担任“跳”的角色。其中有一组的创编给大家留下了深刻的印象。他们编的歌词是这样的：

咕嗒嗒咕嗒嗒咕嗒嗒，
咕嗒嗒咕嗒嗒咕嗒嗒，
走来走去真自在，
这是母鸡下蛋喽。

表演的同学配合大家的念唱，做出母鸡走路蹒跚的样子，在最后一拍的音上，突然从大腿间掉出几个“蛋”来，顿时引得哄堂大笑，连优质课评委老师及听课老师都忍不住笑起来了。

此时，学生已经忘了课堂的拘束与严谨，已经完全投入游戏给人带来的愉悦气氛中。学生自主学习，大大增强了克服困难、向自己挑战的信心，学生可以感受到心中那股成就感。

音乐课中的教学目标的改革，就是要在音乐教学中培养学生的探索精神和创造力，发展学生的思维能力和想象能力，并让学生从音乐中得到美的熏陶和美的享受，而这种美的享受来自宽松民主的氛围，它可以使学生形成积极而主动的学习态度，让学生随时随刻都感受到：“我能行！”

幼儿语言教学策略

——以学前教育专业语言课教学为例

幼儿教师口语作为一门应用型语言课程，是专门研究普通话语音规律和一般口语交际规律、阐明幼儿教师口语类型、探讨幼儿教师口语运用技巧和方法的课程。幼儿教师口语是学前教育专业学生的职业技能必修课。中职学前教育专业学生语言领域教学能力是未来工作岗位能力重要的组成部分。本部分以学前教育专业语言课教学为例，对幼儿语言教学的策略加以探讨①。

一、语言领域教学能力内涵界定

幼儿园的语言领域教学主要包括故事教学、诗歌教学、幼儿讲述、语言教学游戏、日常生活中的语言培养、早期阅读。教学能力是指教师进行课堂教学所应具备的能力，包括教学设计能力、知识组织和传授能力、教学活动组织能力、课堂管理能力、语言表达能力、人际交往能力、教学研究能力，以及教学反思、监控和改进能力。根据中等职业学校幼教专业有关口语课程的要求，结合岗位需求及学生的实际岗位能力，幼儿园语言领域教学能力的内涵包括以下三个方面的能力：

第一，幼儿文学作品的解读、诵演示范及指导能力。即能解读并讲解作品

① 马黎霞. 提升中职学前教育专业学生语言领域教学能力的途径探索[J]. 学周刊，2015(5)：59-61. 收入本书时有较大改动。

的主题和教育意义，感知作品的节奏类型、艺术特点，分析作品的表现手法，并针对幼儿文学作品的诵读进行完整示范，能对幼儿的诵读进行针对性指导。

第二，教育、教学活动的口语运用的反思能力。即能根据教育、教学活动情境运用口语解决各类问题，并能反思和改进。

第三，幼儿语言领域活动的驾驭能力。即初步了解幼儿园语言领域教学的基本环节，能根据不同年龄幼儿的特点设计教学活动，并完整实施。

二、语言领域教学能力教学策略

（一）重置口语教学内容，丰富语言教学能力载体

在学前教育专业学生语言领域教学能力培养方面，笔者对口语课的内容设置进行了修订，参见表1。

表1 口语课内容设置调整前后对照表

	调整之前	调整之后
第一学期	声、韵、调、音变的字词训练	声、韵、调、音变的字词训练和普测朗读作品1—15号，朗读技巧训练
第二学期	朗读训练（普通话水平测试中40篇作品）	普测朗读作品16—40号和命题说话1—30号。本学期进行普通话水平测试
第三学期	说话训练（普通话水平测试中30个话题）	儿歌、幼儿散文的朗诵，幼儿故事、绘本的讲演，态势语的运用，几种文体的表演、创编和教学设计与组织
第四学期	普通话水平测试考前训练和教师口语（在本学期进行普通话水平测试）	童话剧的表演和创编，教师教学口语、教育口语和一般交际性口语

笔者将学前教育专业口语教学的内容从单一的以普通话水平测试为内容和最终目的，改成由普通话训练、一般口语训练、幼儿教师职业口语训练三个

部分构成。这样的设置很合理，有利于学前教育专业学生语言领域能力的培养。

(二)改变口语教学模式，提升语言领域教学能力

打破传统的重理论的教学方法，大量加入实操训练课，在课堂上采用多种有效的方法来配合训练学生语音领域的教学能力。

第一，构建文学作品的解读方式，提升示范与指导能力。

巧用朗读的技巧。正确分析和解读幼儿文学作品是教师应掌握的语言领域教学能力之一。作为学前教育专业的学生，若想在幼儿园教学中具备较强的语言教学核心能力，就要先从如何培养幼儿文学作品的解读能力开始学习。对幼儿文学作品的主题和教育意义，学生的理解和掌握是不错的，但对角色性格的把握和表现上比较差。因此，笔者重点加入了角色分析，运用音量、音色、语气、语速等朗读技巧来表现角色。如笔者设计了朗读幼儿故事《猴吃西瓜》中的角色分析，参见表2。

表2 朗读幼儿故事《猴吃西瓜》中的角色分析

角色	音量	音色	语气	语速
旁白	中	自己	生动、形象	中、稍慢
猴王	大	男、中年、浑厚	威严、霸气	中、稍快
小毛猴	中偏大	年龄小(十几岁)，尖、细	直率、急、初生牛犊不怕虎	快
短尾巴猴	中	稚嫩	肯定、自信	稍慢
老猴	中偏小	苍老、低沉、粗、八九十岁	自负、不懂装懂、假冒权威	慢
有些猴	大	杂	人云亦云	快
有个猴	小	男、稍偏细	不敢肯定，小心翼翼，疑惑	稍慢
最后一个猴	稍大	男、稍粗	不懂装懂	稍快

强化态势语训练。学生在普通话水平上有了一定的基础之后，朗读能力大大提高，但是在表现力上还是略显不足。因此，加入态势语训练以培养学生有声语言的表达非常重要。如笔者设计了儿歌《尿尿》的态势语：

“吃苹果，不吃不吃。”——双手对着苹果，换方向做出不同意的动作。

“玩皮球，不玩不玩。”——换方向对着皮球。再换方向做出不同意的动作。

“妈妈抱。不抱不抱。”——双手交叉在胸前(做出妈妈抱的动作)，换方向做出不同意动作。

“嘟嘟熊要尿尿。”——做出难为情的表情，双脚交叉半蹲(做出憋不住要尿尿的动作)。

“尿到盆里是好宝宝。”——露出开心的笑容，跑到脸盆旁边做出尿尿的动作。

“不像小老鼠乱撒尿。”——先撕去嘟嘟熊的头饰，然后起来做出小老鼠的动作：害羞地逃跑。

态势语丰富了文学作品朗诵的形象性，更符合幼儿的身心特点，使学生的口语表达能力有了提升，让他们学会在教学中加入恰当的态势语来配合有声语言的表达。

改变评价的方式。中职学前教育专业口语教学大多以通过普通话水平测试作为评价的标准。笔者在培养学生语言领域教学能力方面，尝试改变了评价方式。分年级制订了学前教育专业职业口语的评价测量标准，明确了口语技能运用的考核内容、标准、方式以及达标的途径，每个学期按照标准对学生进行不同内容的口语测试。这样的训练模式，使得学生对幼儿文学作品的指导能力有了提升，从“被评价”到主动“自我评价”，进而“评价他人”，最后到“指导他人”。如笔者设计了儿歌朗诵的考核评价表，参见表3。

表3 儿歌朗诵的考核评价表

<table>
<tr><th>被考核者姓名</th><th>普通话
（20分）</th><th>节奏
（20分）</th><th>语气、语调
（20分）</th><th>停连、重音
（20分）</th><th>态势语
（20分）</th></tr>
<tr><td></td><td></td><td></td><td></td><td></td><td></td></tr>
<tr><td colspan="6">说明：

考核者姓名：</td></tr>
</table>

在儿歌朗诵考核测试时，笔者将表3的评价表发到每一位学生手中，每个人都是“小老师”，都需要给每位同学打分，并在最后署上自己的名字。通过这样的考核评价训练，每位同学都明确了在朗诵儿歌时如何去表现作品，进而能理解在以后的教学中该如何去评价与指导幼儿的朗诵。

第二，改变学口语课堂教学模式，提升反思与实践能力。

积极与“幼儿文学”和“幼儿园活动设计与指导”课程的教师通力合作，改变课堂教学模式，运用“看”“听”“讲”“演”“评”五个步骤，提升学生的反思能力。

看：组织学生观看优秀幼儿教师的教学示范视频，学习规范的幼儿园语言活动过程，反思该如何组织教学活动。如看全国特级教师应彩云的教学视频《罐子的声音》《熊叔叔的生日派对》《老鼠娶新娘》等，写出看后反思。

听：进幼儿园听优秀教师的公开课，找“亮点”，并与自己的模拟上课比较，找不足，反思该如何改进、提高。如与学校的实训基地紧密配合，挑选优秀幼儿教师的公开课，带领学生进园听课，指导学生写听课笔记，写听课反思。

讲：按照幼儿园语言活动课的要求，进行说课训练。学生思考并写反思，再根据反思进行二次说课训练。

演：根据幼儿生活学习的场所，如幼儿园、公交车上、游乐场、超市等，把班上的学生分小组进行口语交际活动，让他们分别扮演、模拟社交活动中的人物，包括不同年龄和不同职业的大人、不同性别和不同气质的幼儿，开展日常的口语交际活动。如超市购物、公交车上让座、幼儿园里教师处理幼儿打架等。对每一次的“演”进行反思：是否符合幼儿的性格特点，是否符合教育教学的理念，等等。通过这样的“演”，学生既对幼儿的学习生活有了了解，又在活动中提升了反思能力。

评：针对每一次的活动，开展自评和互评，教师指导学生反思。如在高一暑假要求学生进行不少于一个星期的幼儿园实践活动，并上交见习活动记录和总结。回校以小组为单位进行自评和互评交流，教师指导。

第三，创设实践演练课堂，提升语言领域活动的驾驭能力。

创设教学情境。笔者发现“幼儿文学”和“幼儿园活动设计与指导”课程教材中很多文学作品相同，就采用“五步模拟教学”。如选择《小弟和小猫》《字典公公家里的争吵》《猴吃西瓜》等文学作品进行“五步模拟教学”。

> 第一步，请“幼儿文学”课的教师在其课上对作品从文学角度进行分析，明确主题和教育意义；第二步，在口语课上对作品的朗诵和表演进行教学指导；第三步，请“幼儿园活动设计与指导”课的教师指导学生对作品的语言领域的教学环节、活动方式等进行精心设计；第四步，根据设计好的方案在口语课进行教学模拟实践，学生轮流扮演“老师”和“小朋友”；第五步，请“幼儿园活动设计与指导”课的教师在其课上指导学生针对口语课上的教学模拟实践进行教学反思。

通过“五步模拟教学”，让学生了解整个教学过程。需要强调的是，笔者的目的不是教会他们怎么上课，而是通过多门课程的合作训练，丰富学生口语表达的内容和方法，提高他们的口语表达能力和语言领域活动驾驭能力。

循序训练模式。实施“个人—小组合作—个人”的循序渐进的训练模式，即在自主上课的教学中，笔者让学生先自学，然后小组合作备课，并推选“小先生”上课。在这一训练模式中，课堂是学生做主，但教师并不仅仅是旁观者，而是要认真记好课堂实录，及时写下评价。

在儿歌《孙悟空打妖怪》的组织教学中，笔者要求：首先个人朗诵儿歌，接着小组合作，分角色表演儿歌，然后在诵、演的基础上，选出“小老师”组织语言活动。组织活动时，分为两步：第一步是四位学生分别承担“导入”“教学过程一”“教学过程二”“活动总结”的内容；第二步是请一位学生承担完整的教学活动过程。

提升学前教育专业学生语言领域教学能力的途径远远不止这些，值得探索和注意的问题更是方方面面。笔者在文中所提的几条途径，是有效提高学生语言教学能力的一些思路，而非固定模式，希望能得到大家的批评和指正。

幼儿英语教学策略

——以学前教育专业英语课教学为例

“以就业为导向，以能力为本位”是职业教育的明确定位。中职学生求学的目的是为了能够明确地达到一个岗位的目标，毕业生要胜任一个岗位的需要。本校学前教育专业的学生毕业后主要是从事幼儿教师的工作。社会对幼儿教师的要求还是很高的：必须具备高尚的道德情操，有出色的说、唱、弹、跳、画等专业技能。通过对幼儿园的回访了解到，如今幼儿园常常要求幼儿教师具备一定的英语教学能力。笔者所在学校的英语组教师齐心协力，开发出一套《实用幼儿英语教学技能》教材，通过选修课的形式向学生传授一些实用幼儿英语教学技能，以期提高中职学前教育专业学生英语学习的有效性和实用性，帮助他们成为具有实用幼儿英语教学技能的合格的幼儿教师。本部分以学前教育专业英语课教学为例，对幼儿英语教学的策略加以探讨[①]。

一、幼儿英语教学技能培养计划

幼儿园英语教学中，教小朋友唱一些简单易学、生动有趣的幼儿英语童谣及儿歌，玩英语游戏，说英语日常用语，是非常重要的教学内容。笔者就幼儿英语教学的经验，拟定学前教育专业学生实用幼儿英语教学技能培养计划，详

① 张春艳，丁晶燕．中职学前教育专业学生“实用幼儿英语教学技能”的培养[J]．语数外学习（高中版），2013（3）：20-22．收入本书时有较大改动。

细列出教学内容及其教学形式,见表1。

表1 学前教育专业学生实用幼儿英语教学技能培养计划表

教学内容	教学形式
经典英语童谣及儿歌教唱	教师通过多媒体等手段教唱,学生集体学习
将学生分组,指导学生通过网络自主学习英文儿歌	学生以小组形式汇报表演,师生点评并评奖
教师以实例讲解幼儿英语的游戏教学方式	学生学习并以小组为单位讨论、汇报
指导学生利用互联网收集各种游戏教学方式	各学生小组归类、汇总所收集的游戏并集体分享
幼儿园英语日常用语和教学用语	教师带领学生每天集体学习5分钟
指导学生根据所学用语编幼儿园日常英语对话	学生以小组为单位进行“英语小品表演”并评奖
教师以实例讲解简单的幼儿英语教学教案书写	学生集体学习
指导学生根据给出的教学内容仿写教案并上课演练	学生积极仿写,教师评选优秀教案及优秀课

二、幼儿英语教学技能培养的教学策略

(一)幼儿英语童谣及儿歌的教学——提高学生“唱”的技能

幼儿园英语教学中,演唱幼儿英语童谣及儿歌的教学,主要是通过网络下载一些经典英语儿歌的音频和视频,让学生模仿、练唱。实践证明,学生的学习热情非常高,因为他们知道所学的儿歌是在为当幼儿教师做准备的,学得非

常认真。通过课后与学生的交流了解到,简单的英语儿歌学唱,让他们觉得中职的英语课有趣而且有用。参加该选修课的同学把学到的儿歌教给班里其他同学,没过几天全班同学就都会唱了,每天英语课前大家齐唱英语儿歌,极大地活跃了课堂气氛,学生学习英语的积极性提高了。

经过大约两个月的教学,学生已经学会二十几首幼儿英语歌曲。接下来的两个月,教师鼓励他们利用网络自学其他自己感兴趣的儿歌,并在学期末进行儿歌汇报表演。

具体实践中,将班级学生划分为多个小组,每个小组5~7人,由学生自行推荐组长,抽签决定小组儿歌汇报表演的顺序,最后由同学和老师一起打分,评选优胜小组,进行奖励。

实际表演时,学生把在美术、钢琴、舞蹈等专业课上所学到的东西结合进来,自己制作道具,自己弹钢琴伴奏,边跳边唱,很有创意。

通过一学期的英语童谣及儿歌的教学,学生们学会了几十首童谣、儿歌,还学会用舞蹈、道具等来丰富儿歌的教学,许多学生能随时随地进行英语儿歌表演,这些技能无疑会给今后的实习、就业带来实质性帮助。

(二)幼儿英语课堂游戏教学——提高学生“做”的技能

游戏教学法能够大大增加课堂互动,是激发幼儿学习兴趣的有效方法之一。通过游戏、讨论、互动的方式来丰富课堂,展开教学。

基本方法:将游戏直接运用到选修课中,活跃课堂,增加互动,且让学生对游戏的教学方式有切身的体会。就某一教学环节中如何运用游戏教学向学生提问,让其课后小组讨论,鼓励通过网络收集,然后在下一堂课汇报讨论结果,教师给出参考的游戏方式。

使用“爆炸游戏”练习新单词。在幼儿刚接触一个单元的新单词时,总有几个单词特别长或者发音有难度,为了让幼儿反复操练这些困难的单词而不感觉厌烦,这时就可以使用“爆炸游戏”。具体方法是:将所教单词中较为简单的几个单词设为“炸弹”，教师随机抽取单词领读，让学生快速跟读，一旦有学生跟读了规定为“炸弹”的词，就被淘汰。这个过程中幼儿教师可以多带学生读几遍难的单词，让孩子在聚精会神的状态下跟读，学习的效果自然会好很多。游戏是幼儿英语课堂中不可缺少的元素。笔者在平时的英语课堂教学中适时地采用该方法，屡试不爽，效果非常好。

教小朋友学习英文字母的方法。学生在课后以小组为单位讨论教小朋友学习英文字母的方法，并在下一堂课中汇报，每个小组至少说出一种方式。在实际汇报中，学生的答案颇多，其中教唱《字母歌》是最受欢迎的方式。另外就是利用字母卡片学习英文字母。如在学生中间分发多种字母卡片，教师要保证每一个字母卡片都发给两位学生。学生在班里边走边读出自己卡片上的字母，找出另一个和自己同样字母的学生。(做这个活动时，学生之间不要互看对方的卡片。)当时，学生们还总结了另外七八种教学字母的方法。通过这样的探讨，学生们开动了脑筋，充分地发挥了自己的潜能，对如何通过游戏来增加英语课堂的互动有深入了解。

经过两个月左右的实践和讨论，学生对游戏教学的方式已经有了初步认识，于是进入本阶段的下一个任务，即指导学生以小组为单位展开讨论并合理利用互联网收集各种游戏教学方式，最终将其归类、汇总并集体分享。

全体同学和教师共同努力，整理、汇编了一份长达6页、近5 000字的幼儿英语教学小游戏归类、汇总的文档。该文档包含了许多练习字母、单词、对话等小游戏以及像“宾果”之类经典游戏的操作方式。电子文档挂在班级QQ群的共享文件中，可供学生们以后从事教学使用。通过整理这份资料，同学们认识到幼儿英语的教学方式非常丰富，在今后的就业中要慢慢从借鉴转为创新，形成自己的教学思路和方法。

(三)实用幼儿园英语日常用语和教学用语的教学——提高学生“说”的技能

到了这一阶段,该班学生通过一年的中职英语学习,英语水平普遍有了一定进步,然而具体到幼儿英语课堂教学用语,很多同学还是连基本语句都无法表达。基于这一现状,笔者决定在这一学期的英语课堂中加入更为专业的学习内容,即幼儿园英语日常用语和教学用语的教学。

> 在具体实施过程中,首先整理了一份《幼儿园英语日常用语和教学用语》的资料,开学初便发给每位学生。然后,充分利用选修课的时间,通过集体学习、课堂问答、限时通关、课后复习等形式,进行了约两个月的培训,带领学生将这份资料从头至尾学习数遍。此时,大多数学生都已顺利通关,并能够根据中文提示说出至少一种对应的英文表达。
>
> 在此基础上,为了能够进一步帮助学生掌握所学,并且检验学生活学活用的能力,要求学生根据所学用语编演幼儿园日常英语对话。为了巩固学习效果,在学期末组织了一次“英语小品表演”比赛。事先给学生们一个月左右的准备时间,然后以小组为单位进行比赛,对优胜小组进行奖励。该活动大大提高了学生参与的积极性,学生提高了在实践中运用英语的能力。在教师的指导下,许多小组自制了道具、服装,还在表演中加入了幽默、滑稽的元素,表演非常精彩,赢得了教师和同学们的一致好评。

(四)实用幼儿英语课堂简案备写的教学——提高学生“写”的技能

要想上好一节课,就要学会设计课堂,并写好教案,因而笔者在英语课中加入如何书写幼儿英语课教案的教学内容,目的是通过指导简单教案的书写,让学生掌握幼儿英语课堂的基本设计思路,学会备课,学会写简单的教学设计。

首先,通过幼儿园回访了解到,目前幼儿园使用的英语教材尚未统一。通过比较，笔者选择了某幼儿英语教材作为讲解范例，并购买了该套书的第一册，供同学们传看翻阅。学生表示幼儿英语的内容比较简单，但是对于如何设计教学过程、如何书写教案，是一头雾水。于是接下来的时间里，主要让学生鉴赏精品教案，并鼓励其积极讨论、思考。

Unit 1 My Class

I. Nancy老师的话和本课重点

小朋友们，从今天开始，Nancy老师将和大家一起踏上英语学习的快乐旅程！老师相信只要大家认真学习，就很快能够成为一个个活泼可爱的“小洋人”啦！今天是大家上的第一堂英语课，Nancy老师已经帮大家起好了英文名！让我们一起加油吧。

II. New Lesson

1. English Name学会认读并书写自己的英文名字

游戏1：想好几十个英文名字，让学生单独上来，老师问：“Do you want to be Tom?”学生回答“Yes!”后，把名字写在有黏性的大贴纸上，将其贴在该学生的身上。

游戏2：老师把某位同学的英文名写在黑板上，问：“Where is Tom?”让学生们去找一找，找到的同学正确喊出该名字就获胜了。

2. New Sentences 新句型

1)—Good morning！早上好！—Good morning!

2)—What's your name? 你叫什么名字？—Tom.

游戏：学生开“小火车”练习问答。

III. Assignments 回家作业

1.把自己的英文名字读熟并且会写。

2.练习学过的歌曲，唱给爸爸妈妈听。

经过思考、讨论，同学们总结出“复习—教新词—教新句型”的模式，并学习如何正确运用游戏、儿歌等来丰富课堂。

接下来，教师指定教学内容，让学生仿写教案。要求格式规范、思路清晰。对于较为优秀的教案，在教室内进行张贴，鼓励其他同学积极学习。对于仿写不到位的同学，进行详细指导，保证人人能够书写一份比较完整、规范的教学简案。

最后，让学生以小组为单位，推荐出一份较好教案，经过集体讨论、精心修改，完成大家认为“完美”的教案。每组推荐一名学生参加“小小精品课”比赛。参加比赛的学生在小组成员的协助下做好多媒体课件和上课所用的道具。比赛时，这几位上课的“小老师”运用所学，各显神通，博得在场评委的一致好评。

三、幼儿英语词汇教学的八种策略

（一）利用构词变化进行词汇教学

英语中的很多词汇是借助构词法变化的。教师要引导学生学会用构词法知识来辨认与记忆英语单词。

往往一个词根统辖着一群单词，在这一群单词中，每一个单词的基本含义都以这个词根的意义为基础。如“imagine”“imagination”“imaginative”“imaginary”“imaginable”都与“想象”有关。

指导学生了解与识别常见词缀，是迅速扩大词汇量的有效途径。如用“-ness”“-tion”等构成名词，用“-ful”“-ive”“-ial”等构成形容词，用“-en”“en-”“-ize”等构成动词。

由两个或多个词合成一个词，其词义往往是原词义的叠加。如“blackboard”“playground”等。

尽量介绍一些新的缩略词。如“smog”(smoke+fog)、“telecast”(television+cast)。教了这些构词基础之后，鼓励学生阅读时仔细观察生词，结合语境大胆猜测。

（二）利用搭配法进行词汇教学

语言是由语块组成的。语块分为四类：词、搭配、固定表达、半固定表达。

搭配和表达被认为是重要的词汇学习内容。了解经常出现的搭配方式是语言学习的需要。教师应帮助学生熟悉词语搭配,让他们意识到某些词语是相伴相随的,帮助学生全面认识词汇。

近义词的不同搭配,要尽量一起教,并强调其区别。如"put on"后面接"衣服",而"dress"后面接"人":"put on a coat","dress sb."。再如,"rob"与"steal"后用不同的介词:"rob sb.of sth.","steal sth.from sb."。

词的搭配受语法的支配。如"The train has left for half an hour."这句话中的错误,在于没有弄清"leave"这类瞬间动词不能与"for half an hour"这样表示一段时间搭配在一起。

英汉词汇搭配的区别。如汉语中"开车、开门、开刀、开灯"都用"开",但英语分别要用"drive""open""operate""turn on"来搭配。

(三)用捆绑式教学进行词汇教学

所谓捆绑式教学策略,就是在教一个内容时捆绑另一个内容,帮助学生有效地学习,如词汇与语音的捆绑。学习英语单词,首先是要能正确发音。正确发音有利于学生正确拼写单词。在教学中,可以由教师带读,反复练习,不断纠正,更要充分利用现代教学设备,以录音、录像、电视、幻灯片等多种形式,给学生提供更多模仿、练习发音的机会,以达到最终准确发音的目的。笔者利用早读课,采用课代表轮值制,由英语课代表负责,通过录音机领读所要学习的单词、短语,使学生尽早掌握单词的正确读音,为快速有效记忆打好基础。

(四)用比较法与归纳法进行词汇教学

采用词形比较,近义词比较,反义词比较,同一单词在不同句子里比较的方法,让学生充分地完整认识一个词。利用词形变化规则,在总结不规则动词的变化时可分为"A—A—A 型",如"put—put—put","A—A—B 型",如"beat—beat—beaten"。再如,有些单词容易记混:"from / form","hard / hardly","invent / invite",等等,需要仔细辨别。又如,把意义相近的词进行比较:"happy""glad""pleased""pleasure""delight""joy"等。

也可以利用反义词记忆单词。如学过“expensive”后，当学到“cheap”时，可以指出“cheap means not expensive”，这样学生就很容易理解“cheap”的意思了。常见的反义词很多，如“tall / short”“long / short”“heavy / light”等等。

在学习以“-ing”和“-ed”形式结尾的形容词时，笔者给出这样的例句：“The film was boring. I was bored with the film.”通过观察和比较，总结出以“-ing”形式结尾的形容词修饰的主语往往是“事”，而以“-ed”结尾的形容词修饰的主语往往是“人”。这时，笔者再给出这样的例子：“This is a moving story. The students are moved by the story.”学生进一步思考，最后总结出这两类词在本质上的区别，可以概括为：以“-ing”形式结尾的形容词都表达“令人……的”的意思，而以“-ed”形式结尾的形容词则表达“感到……的”的意思，再配以针对性练习，学生很容易掌握这些词的用法。教师总结出不同单词的相似结构，归纳出它们用法上的相同之处或不同之处，便于学生深刻领会，能够让学生举一反三地运用。

（五）运用主题词进行词汇教学法

在这一教学方法实施的过程中，教师可安排大量反复而切合实际的训练内容，学生学习之后马上就能应用，这样就使学生的学习积极性大大提高，从而达到事半功倍的效果。

在学习过程中，通过大量的视、听、说训练，充分调动学生眼、耳、脑、口各器官的相互作用，从而进一步提高词汇记忆训练的效率。由于采用了多种方法和途径（多媒体、讨论、互动训练）来达到同一目的，学生可以兴趣盎然地投身于学习中，有利于巩固与加强学习效果。

在学习“*Unit 5 What's your hobby?*”这一单元时，可以采用头脑风暴的方法让学生说出很多有关兴趣、爱好的短语。如“play football”“play basketball”“play computer games”“play the piano”“fly kites”“listen to music”“go swimming”“collect stamps”等等。学生也会说出很多表达个人兴趣、爱好的句子，如“I like playing cards. It's exciting. I am crazy about seeing movies. I enjoy singing and dancing. It's very interesting. I dislike driving. ”等等，最后多数学生能够写出一篇有关自己或他人兴趣、爱好的小短文。

（六）结合用词语境进行词汇教学

词语要嵌在上下文里才有生命，即词汇学习必须在上下文中进行。所以，在课文教学过程中，我们不应该孤立地进行词汇教学，应千方百计地把词汇与句子、语境结合起来。教师在创设语境时，要尽量使用学生学过而且比较熟悉的英语单词，上课时要能使用全英语教学，用英语解决上课遇到的困难。

创设情境（situation）和语境（context）教单词时，要力求创建学生日常熟悉的场景，如打电话、购物、借物、问路、邀请、看病等，学生可以在交际中兴致勃勃地学单词，既能说又能听，有效激发英语学习的积极性。

以高考中的高频词汇“pick up”为例。“pick up”意思很多，很难全面掌握，也许很多同学知道它的基本意思“拾起、捡起”及“（开车）接或搭载（某人）”，但要记住与理解“pick up”的其他几层意思，如“重新开始，继续；获得，学会；身体恢复健康；收听到；买到；染上（疾病）”，就不那么容易了。如果我们在一些相关的句子里来掌握它，就不会那么枯燥，效果会更好。教师可以先把“pick up”放在一些特定的语境中，呈现给学生一组相关例句：“Please pick up your hat. I'll pick you up at the street corner at three. He soon picked up after a few days'rest.”呈现出这些例句后，教师让学生先根据已知意思猜测句中意思，然后总结该词的相关意思。在学生猜测词义的过程中如遇到较难的地方，教师要适当加以提示，以利于学生准确把握。教师点拨完并让学生理解例句的基本含义后，可以带着学生去深层挖掘一下“pick up”的本义，并引导学生分析“pick up”的其他意思实际上是由它的本义引申而来的，与它的本义多多少少有所牵连，这样就有利于学生理解记忆。

(七)利用英语释义进行词汇教学

词义阐释法即用简易英语去解释新词,有助于学生英语思维习惯的养成。学生用已经学过的单词来解释新的单词,训练了听力、口语,旧单词得到巩固,在此过程中学生口、耳、脑并用,自然而然提高了学生学习的积极性和自信心。

在教“host”这个词时,用英语解释:“a man who receives guests”。在教“astronaut”时,用英语解释:“a spaceman or a person who travels in a spaceship”。

有些词一词多义,同样可以用英语释义的方法来教学。

“attend”第一个词义是“go to, be present at”,如:“attend a lecture”“attend a concert”“Many famous people will attend the meeting.”等等。第二个词义是“look after, serve”,如:“The patient is attended by his daughter.”第三个词义是“listen to”,如:“Please attend to the teacher!”

(八)利用记忆方法进行词汇教学

未经复习的内容容易遗忘,遗忘的进程有先快后慢的特点。因此有必要对学生进行记忆方法的指导,实现瞬间记忆到短时记忆再到长时记忆的转化。教新单词时,教师可以通过读单词学生抢答的方式,或是以学生相互提问的方式,进行小组竞赛。这种训练富有挑战性,学生注意力高度集中,提高了记忆效果。教师还要随时督促学生,采取定时听写、背诵等手段了解学生的掌握情况。笔者在英语单词听写活动中做了一些尝试。如单词听写,教师读,全班一起听写;教师批改,或课代表批改;分成六人或四人小组相互听写,由组长批改;或两人一小组,相互报听写。要求优等生要求全对,中等生可以错两至三个,后进生可以错四至五个。

以上八种策略在实践教学中要根据实际情况加以运用,笔者认为应用时要充分认识到以下两点:

第一,教学是师生交往、互动与共同发展的过程。只有在民主、愉悦的课堂气氛中,学生的学习才会热情高涨,参与课堂教学活动的积极性才会更高。教师对学生的理解信任、热情鼓励以及耐心期盼,都可转化为学生的自信、对知识的渴求以及对课堂活动的主动参与。反之，教师的烦躁、嫌弃与失望，会大大影响学生创造力的发挥，缩小乃至封闭学生的思维空间。因此，教师要努力培养自身良好的心理素质，从而使学生在宽松、和谐的环境下快快乐乐地学习。

第二，词汇教学是一项艰巨复杂的任务。只要我们拥有积极的教学态度，不断更新教学观念，改进传统的教学方法，大胆借鉴与尝试新颖、有效的教学方法，不断进行总结与运用，就可以提高词汇教学的效率。英语教师应该不断学习，善于发现新观念、新方法，努力培养学生对英语的学习兴趣，有效扩大学生的英语词汇量，提高学生运用英语语言的综合能力，进而切实提高幼儿英语的教学水平。

后　记

“幼有所育，学有所教”，“办好学前教育”，“努力让每个孩子都能享有公平而有质量的教育”，这是党和政府对幼教事业的现实要求。我们认为，促进“有园上”向“上好园”的转变，要增加公办幼儿园或普惠性幼儿园的数量，更要重视幼儿园办学质量的提升，而师资要素无疑是决定幼儿园办学质量高低的关键因素之一。

杭州市闲林职业高级中学地处城乡接合部，自1984年创办学前教育专业以来，培养学前教育人才近4 000名，其中绝大多数教师在乡村或城乡接合部的幼儿园工作。学校始终服务并引领地方乡村学前教育事业的发展。36年的学前教育办学历程，让学校成为区域乡村学前教育人才培养的摇篮。针对学前教育专业建设过程中“分科教育”模式无法完全满足幼儿园岗位要求，固定的学科教学内容无法完全满足服务岗位动态变化的要求，杭州市闲林职业高级中学经过调研分析、实践创新、巩固深化三个阶段，结合中职学前教育专业特点，提出了“全科教育”人才培养模式，成立“一盟两会”，确定人才培养标准，开发“全科课程”，搭建“全科剧”教育载体，组建“蒙学团”，构建教学模式实施主体，创建“一坊三地”，盘活教育平台资源，形成合作办学一体化等做法和人才培养标准、课程内容、课堂教学、评价标准的“全科教育”模式，建立中职学校和幼儿园共同推进专业建设的长效合作机制。

在“全科教育”践行的数年中，学校教师以本学科为主围绕“全科教育”开展了不懈的实践研究，积累了许多值得推广的经验。本书就是对学校教师相关研究成果的一次深入梳理，旨在更加有效地提高教师校本研训的针对性、有效性，希望能给同行提供一定的参考与借鉴。

杭州市闲林职业高级中学的“全科教育”还在继续，本书仅仅是阶段性成果的梳理，在后续的研究中将继续深入，我们将继续整理出更具有价值的教学研究成果。

本书编写组

二〇二〇年九月二十日